城市轨道交通高架桥梁工程施工安全交底手册

杨林杰　编著

中国铁道出版社

2014年·北京

内容简介

本书针对工人专业的特点而撰写。全书涵盖了施工准备、特殊作业、特种设备作业、桥梁基础与墩台施工、上部结构施工、拱桥施工和钢筋混凝土与预应力施工等方面的80余个施工安全交底范例，范例主要内容有主要危险源与危害因素、安全注意事项、重点强调事项。

本书特别适合作为作业人员的安全指导用书，还适合于城市轨道交通工程施工安全管理人员、施工技术人员和作业人员等参考阅读。

图书在版编目(CIP)数据

城市轨道交通高架桥梁工程施工安全交底手册/杨林杰编著.—北京：中国铁道出版社，2014.9

ISBN 978-7-113-19036-1

Ⅰ.①城… Ⅱ.①杨… Ⅲ.①城市铁路—高架桥—桥梁工程—工程施工—技术手册 Ⅳ.①U239.5-62②U448.28-62

中国版本图书馆CIP数据核字(2014)第180019号

书　　名：城市轨道交通高架桥梁工程施工安全交底手册
作　　者：杨林杰

策　　划：江新锡
责任编辑：张卫晓　　**编辑部电话**：010-51873065
封面设计：王镜夷
责任校对：龚长江
责任印制：郭向伟

出版发行：中国铁道出版社（100054，北京市西城区右安门西街8号）
网　　址：http://www.tdpress.com
印　　刷：北京新魏印刷厂
版　　次：2014年9月第1版　2014年9月第1次印刷
开　　本：787 mm×1 092 mm　1/16　印张：12　字数：288千
书　　号：ISBN 978-7-113-19036-1
定　　价：32.00元

作 者 简 介

杨林杰,1977年生,高级工程师,2001年毕业于石家庄铁道大学土木工程专业,任职于中铁七局集团郑州工程有限公司,荣获中国铁路工程总公司2012年度优秀项目经理,全国一级注册建造师,注册专业分别为铁路、公路、市政专业。曾获河南省优秀QC成果一项,发表论文多篇,有丰富的桥梁工程施工管理经验。

前 言

近年来，我国城市轨道交通工程建设迅速发展。城市轨道交通工程施工有着流动性强、临时设施多、施工条件艰苦、工人专业素质偏低等特点。城市轨道交通高架桥梁工程施工安全风险高，加之建设任务重、工期紧，新材料、新技术、新工艺、新装备大量采用，地面交通繁忙，导致安全管理任务重、难度大。

安全无小事，细节决定成败。在城市轨道交通高架桥梁工程施工安全管理工作的事前预防、超前控制上，抓好每一件小事，重视每一个细节，把小事做细，把细节做严、做实、做到位，向精细化管理要安全。在城市轨道交通高架桥梁工程施工领域，很多的安全事故来自于作业人员的不安全行为。因此，在城市轨道交通高架桥梁工程施工安全精细化管理过程中，做好安全交底工作是非常重要的一环。

为此，作者撰写了80余个施工安全交底范例，每个范例均包含主要危险源与危害因素、安全注意事项、重点强调事项。在撰写过程中，力求文字内容通俗易懂，可读性强。本书可作为施工单位在安排安全生产工作前编写分部、分项工程交底的参考资料。施工单位在编写安全交底时，要根据分部、分项工程的工作内容、部位、作业环境以及天气情况编写，不可完全照搬照抄本书中的内容。

本书撰写工作得到了石家庄铁道大学黄守刚、黄祖光、李向国、王宁、康拥政、王建西、吕希奎、孙海龙、温少芳、张慧丽、陈队永的大力支持和热情帮助。中国铁道出版社石家庄铁道大学发行分部赵春虎、于超、杨晓燕对本书出版提出了宝贵意见。在此一并表示感谢。

限于本人的水平和能力所限，书中错误和不妥之处在所难免，恳请广大读者批评指正。

编著者

2014年5月

目　录

第1章　施工准备

1.1　占道与跨越道路施工

交通疏解安全交底

编号：

施工单位	
工程名称	
分部分项工程	
工　　种	

交底内容：

一、主要危险源与危害因素

1. 在施工场地进出车辆时，无专人在路口疏解车辆、行人交通。

2. 施工场地围挡施工时，施工人员未穿反光衣，在围挡前方、后方未设施工缓行标志。

二、安全注意事项

1. 施工场地进、出口设立警示标牌，围挡顶部安装警示灯并在主要周边交通线路上、军用梁便桥地段布设限速、禁停等标志标牌。

2. 在施工场地进出车辆时，专职交通指挥员应在路口疏解汽车、行人交通。

3. 施工前，组织施工人员进行技术交底和安全教育。

4. 施工场地围挡施工时，所有人员均佩戴安全帽，穿反光衣，在围挡前方、后方200米处设立施工缓行标志，用拉绳(带三角彩旗)进行简单围挡。

5. 监控量测地表测量项目在车辆较少的夜间进行时，应有专一人指挥交通，所有人员必须穿反光衣。

6. 施工机械停放在施工围挡内，不得停放在围挡外、道路边，以免造成交通堵塞。

续上表

重点强调： 1. 在施工场地进出车辆时，应有专人在路口疏解汽车、行人交通。 2. 施工场地围挡施工时，所有人员均佩戴安全帽，穿反光衣，在围挡前方、后方 200 米处设立施工缓行标志，用拉绳(带三角彩旗)进行简单围挡。 3. 施工机械停放在施工围挡内，不得停放在围挡外、道路边，以免造成交通堵塞。					
审核人		交底人		接受交底负责人	
作业班组全体签名：					

占道施工安全交底

编号：

<table>
<tr><td>施工单位</td><td colspan="5"></td></tr>
<tr><td>工程名称</td><td colspan="5"></td></tr>
<tr><td>分部分项工程</td><td colspan="5"></td></tr>
<tr><td>工　　种</td><td colspan="5"></td></tr>
<tr><td colspan="6">交底内容：
一、主要危险源与危害因素
1. 夜间作业时未悬挂示警红灯。
2. 夜间作业时，照明没有覆盖所有工作区域。
二、安全注意事项
1. 通行孔道两侧应设防护桩和警示标志。通行孔道两端应设限高、限宽标志和警示灯。
2. 在社会道路、公路上不断绝交通施工时，应在技术人员指导下用围挡等把作业区和道路通行区隔离开。
3. 占道施工时，所有人员应穿明显的、具有反光标志的安全背心，并设置安全警示标志。
4. 在夜间和阴暗环境施工作业时，照明必须覆盖所有工作区域，并加设警示灯。
5. 作业结束恢复原地貌后，方可撤除安全标志、警示灯。
6. 采用手推车运输时，应在专供手推车行驶的道路上行驶。并要用红白相间的栏杆等隔离设施，与机动车行车道隔开。
7. 应经常清扫通车路段的路面，防止车辆碾飞土石伤人或雨后泥泞影响通车。
8. 应在单向通车路段车辆驶出(入)前方设置指示方向和减速慢行的标志。
9. 在居民点或公共场所附近开挖沟槽时，应在技术人员指导下设护栏及相关安全标识对沟槽进行围护，开挖作业影响了正常交通的，应在技术人员指导下设临时通道，夜间应设置照明灯和警示灯。
10. 听从指挥，按时到岗，不得随意离开施工现场。
11. 严格遵守劳动纪律和作业纪律，认真执行保休制度，班前充分休息，严禁班前、班中饮酒；严禁脱岗、串岗，私自替班或换班，不得做与工作无关的事情。
12. 禁止在围挡外放置任何物资设备，要严格遵守时间要求。</td></tr>
<tr><td colspan="6">重点强调：
1. 占道施工时所有人员必须穿反光背心。
2. 禁止酒后上岗工作。</td></tr>
<tr><td>审核人</td><td></td><td>交底人</td><td></td><td>接受交底
负责人</td><td></td></tr>
<tr><td colspan="6">作业班组全体签名：</td></tr>
</table>

跨越道路施工安全交底

编号：

施工单位	
工程名称	
分部分项工程	
工　　种	

交底内容：

一、主要危险源与危害因素

1. 施工时，班组擅自更改作业方案。

2. 机械操作人员擅离岗位；酒后作业。

3. 施工时遇到6级(含)以上大风时，仍然进行作业。

4. 机械带故障运转或超负荷运转。

5. 简支梁吊装时，前后两吊点升降速度不一致。

二、安全注意事项

1. 应根据道路交通的实际需要设置施工标志、路栏、锥形交通路标等安全设施，并采取防护棚等防坠落设施以防止落物伤及行人和车辆。

2. 夜间施工时应有反光或施工警告灯光信号，必要时应使用信号或旗手管制交通。

3. 车道没有禁行时，支架、支墩应设置防撞墩加以保护。

4. 施工时，要严格按照既有的施工方案进行，班组不得擅自更改作业方案。

5. 机械操作人员在施工进程中要注意力集中，严禁擅离岗位。

6. 机械操作员施工前严禁饮酒。

7. 当发现机械出现异常时要立即停止使用，并告知技术人员；严禁机械超负荷运转。

8. 施工作业完毕后，施工人员应当迅速清除道路上的障碍物，消除安全隐患。

9. 跨越道路施工时，吊车司机要听从正确的路面指挥。

10. 简支梁吊装时，简支梁前后两吊点升降速度要保持一致。

11. 吊车臂下严禁站人，停止施工后，吊臂收回。

12. 在周围高压电线区域施工时，机械操作人员要密切配合指挥人员的正确指挥。

13. 风力增大到6级(含)以上时，需要停止施工，进行安全撤离。

续上表

<table>
<tr><td colspan="6">重点强调：
1. 施工时，更改作业方案必须经技术人员同意。
2. 机械操作人员在施工进程中不得擅离岗位、操作与操作证不相符的机械或者将机械设备交给无本机种人员操作等。
3. 驾驶员或操作员严禁酒后操作机械，及机械带故障运转或超负荷运转。
4. 简支梁施工时，前后两吊点必须升降速度一致。
5. 施工时必须考虑施工区域周围的高压电线。
6. 施工时遇到 6 级（含）以上大风时，禁止作业。</td></tr>
<tr><td>审核人</td><td></td><td>交底人</td><td></td><td>接受交底负责人</td><td></td></tr>
<tr><td colspan="6">作业班组全体签名：</td></tr>
</table>

上路作业人员安全交底

编号：

施工单位	
工程名称	
分部分项工程	
工　　种	

交底内容：

一、主要危险源与危害因素

1. 上路的作业人员未配备反光背心。

2. 作业人员在道路上随意穿行；与车辆抢行、斜穿道路。

3. 夜间施工无照明，交通导改后未在圈定的施工范围内工作。

4. 随意扒挂施工车辆；依车卧息或避风。

5. 道路上打桩、开挖沟槽、吊装钢板梁等作业时，未配备交通协管员，不服从协管员的指挥。

二、安全注意事项

1. 上路的作业人员必须配备齐全的安全防护用品（工作服、安全帽、反光背心等），且必须正确佩戴，特殊工种按规定戴好防护用品。

2. 上路施工作业人员，进场前必须经过安全培训，所有进场人员需进行安全生产预演。

3. 作业人员在道路上穿行时，应做到“一看二停三通过”，禁止与车辆抢行。不得斜穿道路，不许嬉笑打闹，不许滋事闹事，更不许与过往车辆、行人争斗及抛物击车

4. 现场指挥人员应佩戴警哨，发现紧急情况吹哨预警，现场作业人员必须服从指挥。

5. 施工现场夜间施工时，要有足够照明，施工人员须在交通导改后在圈定的施工范围内工作，不能超出施工围挡范围。

6. 在道路上施工要求全体干部、职工和机动车驾驶人员，严格执行交通法规，自觉遵守《行人交通行为规范》、《骑车人行为规范》和《机动车行为规范》，服从交警指挥。

7. 断路施工、交通导行工作须在指导下进行，在未完成交通导改工作前，任何车辆及施工人员不得提前进入道路内施工。

8. 施工材料运输时要避让来往车辆及行人，前后或左右设专人执小红旗进行交通指挥，防止刮碰车辆及行人。

9. 施工人员不得随意扒挂施工车辆，不得依车卧息或避风。

10. 施工现场内使用的机动车及机械运输设备，非操作人员不得使用。

11. 交通协管人员在交通导行中，交通设施的码放应遵守以下原则：首先放置锥形桶，防撞桶，圈定施工作业范围，在此基础上按要求码放标志、标牌和各种限速道路变窄等设施，夜间施工时要加设警示灯。

12. 施工要按照交通管理部门批准的时间进行，施工时各种交通保障措施要落实，各种交通标志、标牌、警示牌及锥形桶要按标准码放。

续上表

13. 断路施工及交通导行开始时，锥形桶的码放要采取渐变的方法，即顺码的方法以来车方向右侧慢速车道为码放起点，逐渐变线码入快速车道，最终达到断行或导行目地。渐变距离要根据国标要求的距离，不得小于标准距离，导行结束时，所用各种交通设施须逆向往回收，以保证安全。

14. 交通设施摆放后，要有专人负责看护，发现被车辆撞坏或其他自然因素损坏要及时更换或维修，保证其使用功能。

15. 进行道路上施工，打桩、沟槽开挖，钢板梁吊装等作业时，须配备交通协管员，负责交通安全工作，施工作业人员要服从协管员的指挥。

16. 停放在主路、辅路上的施工车辆，须开启安装于车辆顶部爆闪灯。

17. 机动车驾驶员对车辆要经常进行维修、保养，保证其经常使用，禁止酒后驾车及疲劳驾驶。

18. 施工区域内的施工车辆及各种运输车辆，现场内要慢速行驶，注意来往人员，保证施工人员的安全。

19. 材料码放要稳固，要防止倾倒伤人、伤物，并不影响车辆、行人正常通行。

20. 道路上管线施工，沟槽开挖要用硬制材料进行围挡，夜间围挡上警示灯要保证明亮，损坏的要及时更换，施工围挡外不得随意堆物、堆料，不得占用公共道路，不得影响社会交通。

21. 夜间道路基坑、管线开挖，白天需要恢复交通的，要在需放行交通的路段铺设钢板，钢板铺设要平，钢板上无钢刺，防止扎破车轮，对宽度较大的基坑、沟槽铺设钢板前下面要用工字钢或方木支撑牢固。

22. 需要在围挡外道路上作业时，必须三人以上，并在作业处逆行车方向 8 米的地方放置反光锥形护筒。

23. 道路上进行清扫、围挡冲洗、擦拭作业要根据交通具体情况放置交通设施，并设专人看管交通。

24. 作业人员在道路中时，应有一人持指挥棒或小红旗指挥车辆避让。夜间施工时，应持荧光指挥棒指挥车辆避让。

25. 进入主路、辅路及交通路口、道口作业的卫生保洁人员要穿闪光服，戴安全帽，工作中有人负责交通工作。

26. 用于交通导改的各种交通标志，要保证其表面清洁，具有夜间指示作用的反光膜表面要经常进行擦洗，防止被污物、泥浆封严保证其警示功能齐全，交通设施损坏的要及时修复。

27. 在道路上进行桩基、承台、墩柱、盖梁施工须提前设置围挡，围挡前要按交通导改的要求放置标牌、警示灯、锥形桶、防撞桶及限速标志与设施。

28. 搭建的围挡要经常进行安全检查，出现问题需要及时修理，防止在自然力的作用下倾倒。

续上表

<table>
<tr><td colspan="6">重点强调：
1. 上路的作业人员必须配备齐全的安全防护用品（工作服、安全帽、反光背心等），且必须正确佩戴，特殊工种按规定戴好防护用品。
2. 作业人员上在道路上穿行时，应做到“一看二停三通过”，禁止与车辆抢行。不得斜穿道路，不许嬉笑打闹，不许滋事闹事，更不许与过往车辆、行人争斗及抛物击车
3. 夜间施工时，要有足够照明，施工人员须在交通导改后在圈定的施工范围内工作，不能超出施工围挡范围。
4. 施工人员不得随意扒挂施工车辆，不得依车卧息或避风。
5. 进行道路上施工，打桩、沟槽开挖，钢板梁吊装等作业时，须配备交通协管员，负责交通安全工作，施工作业人员要服从协管员的指挥。
6. 进入主路、辅路及交通路口、道口作业的卫生保洁人员要穿闪光服，戴安全帽，工作中有人负责交通工作。</td></tr>
<tr><td>审核人</td><td></td><td>交底人</td><td></td><td>接受交底
负责人</td><td></td></tr>
<tr><td colspan="6">作业班组全体签名：</td></tr>
</table>

1.2　施工临时设施与设备

管线处理安全交底

编号：

施工单位	
工程名称	
分部分项工程	
工　　种	

交底内容：

一、主要危险源与危害因素

1. 管道漏水(气)时，悬吊前无专人修理。

2. 管线下部和附近的土方采用机械开挖。

3. 跨越基坑的悬吊管线两端伸出基坑边缘外距离不足 1.5 米。

4. 碰撞管道悬吊系统和利用其做起重架、脚手架或模板支撑等。

二、安全注意事项

1. 管道漏水(气)时，必须修理好后方可悬吊。如跨基坑的管道较长或接口有断裂危险时，应更换钢管后悬吊或直接架设在钢梁上。

2. 悬吊或架设管道的钢梁，连接应牢固。吊杆或钢梁与管底应密贴并保持管道原有坡度。为保持地下管线悬吊时的原有坡度，要求在管线下原状土开挖前悬吊。

3. 为保证悬吊工程质量，防止损坏管线，管线下部和附近的土方要求采用人工开挖。

4. 管线应在其下方的原状土开挖前吊挂牢固，经检查合格后，用人工开挖其下部土方。

5. 种类不同的管线，宜单独悬吊或架设，如同时悬吊或架设时，应取得有关单位同意并采取可靠措施。

6. 跨越基坑的便桥上不得设置管道悬吊，利用便桥墩台作悬吊支撑结构时，悬吊梁应独立设置，并不得与桥梁或桥面系统发生联系。

7. 支护桩或地下连续墙支护的基坑，可利用支护桩或地下连续墙做钢梁或钢丝绳悬吊的支撑结构，但必须稳固可靠。放坡开挖基坑的钢梁支撑墩柱或钢丝绳悬吊的锚桩，锚固端应置于边坡滑动土体以外并经计算确定。基坑较宽而中间增加支撑柱时，梁、柱连接应牢固。

8. 跨越基坑的悬吊管线两端应伸出基坑边缘外距离不小于 1.5 米，其附近基坑应加强支护，并采取防止地面水流入基坑的措施。

9. 基坑土方及其他工序施工时，不得碰撞管道悬吊系统和利用其做起重架、脚手架或模板支撑等。

10. 基坑悬吊两端应设防护，行人不得通行。基坑两侧正在运行的地下管线应设标志，并不得在其上堆土或放材料、机械等，也不得修建临时设施。

11. 基坑回填土前，悬吊管线下应砌筑支墩加固，并按设计要求恢复管线和回填土。

续上表

<table>
<tr><td colspan="6">
12. 应做好管线的保护工作，避免损坏。
13. 跨越基坑的便桥，是为交通和施工运输而设置的，当大型机械和车辆通过时，会产生一定的振动，引起管线接口松动。为保证安全，除柔性较大的直埋通信、电力电缆外，其他管线不能直接架设或悬吊在便桥上。
14. 利用支护桩或地下连续墙作为悬吊梁的支撑墩柱时，支撑必须牢固，不得松动和变形。
</td></tr>
<tr><td colspan="6">
重点强调：
1. 管道漏水(气)时，必须修理好后方可悬吊。如跨基坑的管道较长或接口有断裂危险时，应更换钢管后悬吊或直接架设在钢梁上。
2. 管线下部和附近的土方必须采用人工开挖。
3. 跨越基坑的悬吊管线两端应伸出基坑边缘外距离不小于 1.5 米，其附近基坑应加强支护，并采取防止地面水流入基坑的措施。
4. 基坑土方及其他工序施工时，不得碰撞管道悬吊系统和利用其做起重架、脚手架或模板支撑等。
</td></tr>
<tr><td>审核人</td><td></td><td>交底人</td><td></td><td>接受交底
负责人</td><td></td></tr>
<tr><td colspan="6">作业班组全体签名：</td></tr>
</table>

施工现场运输道路施工安全交底

编号：

施工单位	
工程名称	
分部分项工程	
工　　种	

交底内容：

一、主要危险源与危害因素

1. 用电线路未加保护措施直接横跨机动车路面。

2. 在正在使用的道路上堆放施工材料或杂物。

二、安全注意事项

1. 应对施工道路出入口路面做硬化处理，修筑排水沟、混凝土门档及冲洗车辆设施，基本做到不洒土、不扬尘，保证道路干净。

2. 搞好施工环境卫生，不得向运输道路上堆放杂物或丢掷垃圾，并要定时对道路及时清理。

3. 应在道路两旁设置围栏，禁止闲杂人员随意在车辆运输道路上走动。

4. 根据现场交通流量、路况和环境状况，在技术人员指导下于道路明显处设限速标志。

5. 沿沟槽铺设道路，路边与槽边的距离应不得小于 1.5 米，并设防护栏杆和安全标志，夜间和阴暗时须加设警示灯。

6. 道路边必须设置安全标志，夜间和阴暗时须加设指示灯。

7. 禁止人员或非机动车辆在大型运输车辆道路上行驶。

8. 穿越建(构)筑物处，应在建(构)筑物外设限高、宽标志。

9. 禁止驾驶员酒后驾车。设置行车标志，禁止逆向行车。

10. 禁止运输车辆无故停车，不得已停车时，要设置警示标志或派专人示警。

11. 禁止用电线路未加保护措施直接横跨机动车路面。

12. 行车时必须保持安全车速，保持车距，严禁逆行和强行超车。

13. 做好路面的排水工作，防止路面积水；同时要及时洒水，防止扬尘。

重点强调：

1. 行车时必须保持安全车速，保持车距，严禁逆行和强行超车。

2. 做好路面的排水工作，防止路面积水；同时要及时洒水，防止扬尘。

审核人		交底人		接受交底负责人	

作业班组全体签名：

临时便桥安全交底

编号：

施工单位	
工程名称	
分部分项工程	
工　　种	

交底内容：

一、主要危险源与危害因素

1. 用电设备漏电保护失效，接零接地失效。

2. 必须上下重叠作业时无隔离防护措施。

二、安全注意事项

1. 如需夜间施工，应保证照明良好，道路平顺畅通，灯光保证亮度充足均匀不闪烁，设置好运输线路安全信号标志，确保施工运输安全。

2. 施工用电线路必须由专业电工进行架设，严禁个人进行带电作业。

3. 在施工现场区出入口设置规范醒目的交通标志标牌。

4. 开挖基坑深度超过 1.5 米时，应在技术人员指导下放坡或进行支撑，并设置人员上下专用坡道或爬梯；开挖深度超过 2 米时，必须按规定在基坑边沿设置防护栏杆。

5. 基坑开挖作业中要随时注意土壁变动情况，发现裂纹或塌落迹象，要在技术人员指导下及时进行处理。

6. 施工作业场所所有可能坠落的物件，应一律先行撤除或加以固定。高处作业中所用的物料，均应堆放平稳，不妨碍通行和装卸。工具应随手放入工具袋；拆卸下的物件及余料和废料均应及时清理运走，不得随意乱置或向下丢弃。传递物件禁止抛掷。

7. 临时设施使用过程中，应经常检查、维护，发现损坏必须及时修理，保持完好、有效。

8. 便桥两侧必须设不低于 1.2 米的防护杆，其底部设挡脚板。栏杆、挡脚板应安设牢固。

9. 禁止材料堆放不规范，占用车道。

10. 便桥两端须设限载标志，并设专人值守，疏导交通。

11. 便桥搭设完成后应经验收，确认合格并形成文件后，方可使用。

12. 高处(2 米及以上)作业无可靠立足点时，应挂设安全带。

13. 基坑开挖过程中，机械施工时，机械半径内严禁有其他作业工种的人员进行同时施工。

14. 高空作业时，不得将钢筋集中堆在模板和脚手架上，也不要把工具、钢箍、短钢筋随意放在脚手板上，以免滑下伤人。

15. 禁止使用漏电保护失效或接零接地失效的用电设备，防止发生触电或火灾事故。

续上表

<table>
<tr><td colspan="6">重点强调：
1. 基坑开挖过程中，机械施工时，机械半径内严禁有其他作业工种的人员进行同时施工。
2. 高空作业时，不得将钢筋集中堆在模板和脚手架上，也不要把工具、钢箍、短钢筋随意放在脚手板上，以免滑下伤人。</td></tr>
<tr><td>审核人</td><td></td><td>交底人</td><td></td><td>接受交底负责人</td><td></td></tr>
<tr><td colspan="6">作业班组全体签名：</td></tr>
</table>

现场模板与钢筋加工场搭设安全交底

编号：

施工单位	
工程名称	
分部分项工程	
工　　种	

交底内容：

一、主要危险源与危害因素

1. 开挖较大空洞时，未设置盖板或挡脚板以及警告标志。

2. 悬空作业未系安全带。

二、安全注意事项

1. 施工区域内，道路旁边均必须设置安全标示牌、危险警示牌。应禁止闲杂人等进入加工场区作业范围，进入加工场地作业人员必须正确配戴安全帽。

2. 开挖较大空洞时，必须设置盖板或挡脚板以及警告标志

3. 加工机具时应设工作棚，工作棚应具防雨(雪)、防风功能。

4. 不得擅自离开工作岗位，严禁疲劳和酒后作业，严禁机械带故障作业。

5. 不得在加工场存放油、脂和棉丝等易燃品。含有木材等易燃物的模板加工场，应设置严禁吸烟等防火标志。

6. 加工场搭设完成，应经检查、验收，确认合格后，方可使用。

7. 正在施工的建筑物所有出入口，必须搭设防护棚，防护棚的宽度应大于出入口，防护棚的长度要超过建筑物上的物体坠落半径。

8. 悬空作业人员要正确系好安全带，凡 2 米及以上悬空作业，必须正确系符合要求的安全带。

9. 应对加工场采取不低于 2 米的砖砌围墙或通透式围栏封闭，场地出入口设置牢固美观、开启方便的大门，并在大门一侧设置单位(场地)铭牌。

10. 地面必须硬化，立杆下方应垫 5 厘米×5 厘米以上木方。必须按规范要求在技术人员指导下设置纵横向支撑。支撑模板的立柱材质及间距必须符合要求。

11. 施工前，必须确保机械技术性能和安全装置良好后，方可投入使用。

重点强调：

1. 进场的施工机械，必须在确保技术性能和安全装置良好后，方可投入使用。

2. 施工人员不得擅自离开工作岗位，严禁疲劳和酒后作业，严禁机械带故障作业。

审核人		交底人		接受交底负责人	

作业班组全体签名：

混凝土搅拌站安全交底

编号：

施工单位	
工程名称	
分部分项工程	
工　　种	

交底内容：

一、主要危险源与危害因素

1. 拉铲被障碍物卡死时，强行起拉，用拉铲起吊重物。

2. 机械运转中进行维修、保养、润滑、紧固等作业，将手、脚放在闸门、搅拌鼓、螺旋管等附近。

3. 发生器械故障没有及时停止作业和维修。

二、安全注意事项

1. 搅拌机等机电设备应设工作棚，工作棚应具防雨(雪)、防风功能。

2. 禁止拉铲被障碍物卡死时强行起拉，用拉铲起吊重物。

3. 搅拌机等机械旁应设置机械操作规程牌。

4. 禁止在机械运转中进行维修、保养、润滑、紧固等作业，禁止将手、脚放在闸门、搅拌鼓、螺旋管等附近。

5. 搅拌站搭设完成，应经相关技术人员检查、验收，确认合格后，方可使用。

6. 搅拌站工作时，禁止在储料区内、提升斗下作业活动。

7. 电气控制柜必须由技术好的专职电工保管，其他人员不得擅自打开电气柜。

8. 确保提升斗和拉铲的钢绳安装、卷筒缠绕正确。限位开关应调整正确、安全可靠。

9. 确保提升斗的保险销可靠，如有人在提升斗下工作时，必须将提升斗用保险销锁住。

10. 发现钢绳经磨损和腐蚀，直径减少 10%及以上时，必须报相关技术人员处理。

11. 发生器械故障时，必须及时停止作业，并报相关人员予以维修。

重点强调：

1. 发生器械故障时必须及时停止作业并报相关人员予以维修。

2. 确保所有保险安装妥当，停止作业时应确保所有开关在切断状态。

审核人		交底人		接受交底负责人	

作业班组全体签名：

锅炉使用安全交底

编号：

施工单位	
工程名称	
分部分项工程	
工　　种	

交底内容：

一、主要危险源与危害因素

1. 锅炉点火前在炉膛内线没有通风去除可燃气体。

2. 进入锅炉内工作时，锅炉外没有人联系监视。

3. 锅炉烧干时加水。

二、安全注意事项

1. 锅炉安装后应经主管部门验收，确认合格并形成文件后，方可使用。

2. 司炉工必须经专业培训，考试合格，持证上岗。

3. 锅炉运行期间，应经常对其检查，确保安全。

4. 选择锅炉的位置时，应在技术人员指导下避开架空线路、陡坡、低洼积水等危险地区，并不得占压各种地下管线。

5. 在施工中应保持现场整洁，无用的废料应及时清理，堆放妥当，防止绊倒伤人。

6. 吊装烟囱时，应有专人指挥，禁止盲目吊装。

7. 锅炉元件损坏，炉体出现渗水开焊变形等情况时，应立即停炉。

8. 禁止液化气残留气没有排净时，对燃气过滤器进行清理。

9. 进行软化水箱清理时，要保证给氧充足，并设专人看守。

10. 锅炉房要有专人看守，禁止闲杂人等入内。

11. 锅炉点火前应在炉膛内通风去除可燃气体。

12. 进入锅炉内工作时，锅炉外必须有人联系监视。

13. 锅炉运行时，发现锅炉烧干，禁止突然加水。

14. 锅炉房附近要设置安全标志，禁止无关人员进入。

15. 看管锅炉的操作人员不得擅离岗位，防止遇到紧急情况不能及时发现，导致爆炸等危险事故。

续上表

<table>
<tr><td colspan="6">重点强调：
1. 锅炉房附近要设置安全标志，禁止无关人员进入操作，防止发生危险。
2. 看管锅炉的操作人员不得擅离岗位，防止遇到紧急情况不能及时发现，导致爆炸等危险事故。</td></tr>
<tr><td>审核人</td><td></td><td>交底人</td><td></td><td>接受交底负责人</td><td></td></tr>
<tr><td colspan="6">作业班组全体签名：</td></tr>
</table>

施工现场设置临时油库安全交底

编号：

施工单位	
工程名称	
分部分项工程	
工　　种	

交底内容：

一、主要危险源与危害因素

1. 在储油区、作业区烧荒、烧纸、烧烤。

2. 在油库附近作业时，有带明火或者火花的行为。

3. 未及时更换泄漏的管线。

4. 通过油库的施工用电线破损。

二、安全注意事项

1. 施工前，应对现场进行清理，周围设立围栏，设立明显的标志和警示牌。

2. 施工机具和施工材料进场，要求摆放整齐有序，不得堵塞消防通道和影响油库业务作业、巡检等。

3. 标明施工机械车辆在油库内和施工现场的行驶路线和停放场地。

4. 禁止在储油区、作业区烧荒、烧纸、烧烤。

5. 用电线路架空时，不能采用裸线，装置内（如油罐内）净空高度不得低于 2.5 米，穿越道路时净空高度不得低于 5.0 米，且要有可靠的保护措施，严禁在树上或脚手架上设临时用电线路。

6. 油库附近在可能受到机械伤害的区域的用电线路应设保护套管、盖板等保护措施。

7. 油库收发油作业期间，禁止用火。

8. 节假日原则上一律停止用火。

9. 带油带压容器和管线，一般不允许动火，确需动火时必须申请《用火作业证》。

10. 在油库附近作业时，禁止进行带有明火或者火花的行为。

11. 禁止发送清管器时不规范操作，阀门开关程序错误，避免憋压跑油、损坏管线等事故。

12. 运送物料的机动车辆必须佩戴完好的阻火器，正确行驶，不能发生故障和车祸。

13. 要保持转动设备部位清洁，防止因摩擦引起杂物等燃烧。

14. 按规定要求，在易燃易爆场所选用合格的防爆电器设备。

15. 按规定要求，安装电气线路，并定期进行检查、维修、保养，保持完好状态。

16. 使用青铜或镀铜工具，严禁钢质工具敲打、撞击、抛掷。

17. 使用防爆型电器，如防爆手电，进罐或入釜应使用安全电压防爆灯。

18. 应对泄漏的管线及时更换。

19. 发现通过油库的施工用电线破损时，应及时报相关技术人员更换。

20. 应在技术人员指导下，对油库做好防火、防雷等措施。

21. 油库附近要划出警戒区，安排警戒员。

续上表

<table>
<tr><td colspan="6">重点强调：
1. 油库要做好防火、防雷等措施。
2. 油库附近要划出警戒区，安排警戒员</td></tr>
<tr><td>审核人</td><td></td><td>交底人</td><td></td><td>接受交底负责人</td><td></td></tr>
<tr><td colspan="6">作业班组全体签名：</td></tr>
</table>

1.3 用火安全与防火

临时建筑防火安全交底

编号：

施工单位	
工程名称	
分部分项工程	
工　　种	

交底内容：

一、主要危险源与危害因素

1. 发生器械故障没有及时停止作业和维修。

2. 带电检查配电柜。

二、安全注意事项

1. 应在技术人员指导下在临时建筑之间设消防通道，消防通道的宽度不应小于 3.5 米，净空高度不应小于 4.0 米。

2. 听从指挥，按时到岗，不得随意离开施工现场，严禁酒后作业。

3. 施工人员与施工机械交叉作业时，要和机械保持规定的安全距离。

4. 严禁从高处向下方抛扔或者从低处向高处投掷物料、工具。

5. 施工人员不得擅自动用施工机械、电气设备等与自己无关的任何设备、器具。

6. 各种材料应分类存放，易燃易爆和压缩可燃气容器等物品必须按技术人员要求放在专用库房。

7. 参加施工作业的人员必须遵守安全生产纪律，进入施工现场必须戴好安全帽并佩带身份标识，在作业中遵守本岗位安全技术操作规程的有关规定，不得擅离及私自变换工作岗位。

8. 现场存放易燃材料的库房、木工加工场所、油漆配料房、防水和防腐作业场所，不得使用明露、高热、强光灯具。

9. 不使用老化电线、不合格保险丝，防止触电或者火灾的发生。

10. 应避免火种和高温热源靠近活动房，厨房灶具等高温部位应采取隔热防火措施。

11. 做好地面的排水工作，防止路面积水；同时要及时洒水，防止扬尘。

12. 如需夜间施工，应保证照明良好，道路平顺畅通，灯光保证亮度充足均匀不闪烁，设置好运输线路安全信号标志，确保施工运输安全。

13. 临时设施使用过程中，应经常检查、维护，发现损坏必须及时修理，保持完好、有效。

14. 开挖较大空洞时，应设置盖板或挡脚板以及警告标志。

15. 含有木材等易燃物的加工场，应设置严禁吸烟等防火标志。

16. 发生器械故障时应停止作业并及时维修。

17. 禁止检查配电柜时带电作业。

18. 夜间作业时要悬挂示警红灯。

19. 不使用老化电线、不合格保险丝，防止触电或者火灾。

续上表

重点强调： 1. 夜间作业时要悬挂示警红灯。 2. 不使用老化电线、不合格保险丝，防止触电或者火灾。					
审核人		交底人		接受交底负责人	
作业班组全体签名：					

用火安全交底

编号：

施工单位	
工程名称	
分部分项工程	
工　　种	

交底内容：

一、主要危险源与危害因素

1. 未对场地易燃易爆物进行清理的情况下进行焊接作业

2. 对未经彻底清洗置换处理的化工容器进行焊接。

3. 用电作业结束后，未拉闸断电。

二、安全注意事项

1. 在材料库房、易燃材料堆放场、油库区设禁止烟火标志，严禁烟火。

2. 焊工必须实行持证上岗制度，取得资质证书。

3. 装过易燃液体或气体的管道、容器，未经彻底清洗，严禁焊接（切割）。

4. 焊（割）作业现场周围10米内的易燃、易爆物品必须清除，或者在技术人员指导下采取有效隔离措施。

5. 应在作业现场准备足够的消防器材。

6. 焊（割）作业完毕，必须检查现场，确认无遗留火种后，方可离开。

7. 严禁乱接乱拉电线，采取用电挂牌制度，尤其杜绝违章作业，防止事故的发生。

8. 应正确使用器具，电焊机电源线、闸盒要绝缘可靠，焊机外壳要有可靠的保护接地（零）。

9. 使用气瓶时，气瓶严禁抛掷或剧烈滚动。气瓶不得安放在可能产生火星的电源线下方或热力管线上方。不得安放在电焊操作的工作平台上，以防气瓶带电。

10. 焊工进入工作现场后，必须将焊接点周围10米以内的易燃易爆物排除或采取可靠的隔离措施后，方可进行操作。

11. 在禁火区操作，必须办理动火证，周围要划定界限，并有“动火区”字样的明显标志

12. 在登高作业时，为防止火花落下或飞散引起燃烧爆炸事故，可用钢板、石棉板等非可燃材料做挡火板，防止火花飞溅。

13. 在相对密闭的环境焊接时，要进行自然通风，必要时还应采取机械通风，稀释可燃气体，防止与空气聚集形成爆炸性混合气。

14. 氧气瓶与乙炔气瓶间隔距离不得小于5米，距离明火不得小于10米，且不得在烈日下曝晒。

15. 冬天使用气瓶时，发生冻结现象，严禁使用明火烘烤或用金属敲击瓶阀。

续上表

重点强调： 1. 严禁周围有易燃物时进行焊接切割作业。 2. 冬天使用气瓶时，发生冻结现象，严禁使用明火烘烤或用金属敲击瓶阀。					
审核人		交底人		接受交底负责人	
作业班组全体签名：					

消防安全交底

编号：

施工单位	
工程名称	
分部分项工程	
工　　种	

交底内容：

一、主要危险源与危害因素

1. 未在焊接场地准备足够的消防器材。

2. 发现失效的消防器材时未报相关人员进行更换。

二、安全注意事项

1. 禁止私用电热棒、电炉等大功率电器。

2. 下班后，该关闭的电源必须关闭。

3. 应将消火栓设置在消防通道附近，设置位置和方法应在技术人员指导下进行。

4. 作业前应确保灭火器放在明显和便于取用的地点，且不得影响安全疏散。

5. 作业前应先确保灭火器稳固，其铭牌必须朝外。

6. 不得把灭火器设置在潮湿和有腐蚀性的地点，必须设置时要采取保护措施，保护措施由技术人员确定。设置在室外的灭火器，应设防雨淋、防暴晒的设施。

7. 施工前必须确保要害部位配备的灭火器不得少于4具。

8. 禁火区内不准用电焊、气焊，需使用的部位，必须先申请，获准后才能使用，并且要明确专人监护。

9. 仓库、车间等易燃易爆场所应有明显禁火标志，严禁烟火。

10. 干粉灭火器使用步骤：(1)到火源处使用前要将瓶体颠倒几次，使筒内干粉松动。(2)然后除掉铅封。(3)拔掉保险销。(4)右手提着压把，左手握着喷管(没有喷管的可以用手端着瓶底)。(5)在距火焰两米的地方，右手用力压下压把，左手拿着喷管左右摇摆，喷射干粉覆盖燃烧区，直至把火全部扑灭。(6)使用完毕后把保险销插好，放回原处。

11. 泡沫灭火器使用步骤：(1)一只手握着压把，一只手托着灭火器底部拿下。(2)赶到火源处一只手捂住喷嘴，一只手执筒底边缘(过程中不要使灭火器过分倾斜或拿倒)。(3)把灭火器颠倒过来呈垂直状态，用劲上下晃动几下，然后放开喷嘴。(4)站在离火源8米处灭火。(5)灭火后，把灭火器卧放在地上，喷嘴朝下。

12. 二氧化碳灭火器使用步骤：(1)在距火源5米处拔掉保险销。(2)一只手握住喇叭筒根部的手柄，另一只手紧握启闭阀的压把。(3)灭火后插好保险销，将灭火器放回原处。(注意：使用二氧化碳灭火器时，在室外使用的，应选择在上风方向喷射，不能直接用手抓住喇叭筒外壁或金属连线管，防止手被冻伤。在室内窄小空间使用的，灭火后操作者应迅速离开，以防窒息。)

续上表

<table>
<tr><td colspan="6">重点强调：
1. 必须在易发生火险的作业场所设置足够的消防器材。
2. 必须安排专人定期对消防器材进行检查，不合格的要及时更换。</td></tr>
<tr><td>审核人</td><td></td><td>交底人</td><td></td><td>接受交底
负责人</td><td></td></tr>
<tr><td colspan="6">作业班组全体签名：</td></tr>
</table>

1.4 文明施工及环境保护

围挡搭设与使用安全交底

编号：

施工单位	
工程名称	
分部分项工程	
工　　种	

交底内容：

一、主要危险源与危害因素

1. 同时安装多根立柱。

2. 夜间作业时照明不充分，出入口处未设防撞桶，施工人员未穿荧光服。

二、安全注意事项

1. 修筑围墙时，施工区、生活区围墙在市区一般不低于 2.5 米，在其他地方一般不低于 1.8 米。

2. 施工时，彩钢板围挡高度不宜超过 2.5 米，立柱间距不宜大于 3.6 米。

3. 在现场设置足够的标志，指示牌、警告牌，设置位置和方法由技术人员确定。

4. 必须在施工前熟悉并掌握消防设备的性能及使用方法和消防设备的具体位置。

5. 临时用电线路的安装、维修、拆除，均由经过培训并取得上岗证的专业电工完成，非电工不准进行电工作业。

6. 应配备齐全的安全防护用品(安全帽、绝缘手套、防护口罩等)，且必须正确佩戴，特殊工种按规定戴好防护用品。

7. 电焊机必须双线到位、接地良好，保证一机一闸、一漏一保，并远离水源。

8. 安装立柱时必须逐根施工，严禁同时多根施作，确定安装牢固后方可经行下一根立柱的施作。

9. 围挡板基座砌筑时严禁乱堆乱放和抛扔砖块，必须做到牢固、顺直，防止施工时脱落伤人。砖块码放到指定地点高度不得超过 1.6 米，宽度不小于 1.0 米。

10. 围挡板安装时，必须穿戴好绝缘防护用品，不得徒手或无面罩的施作，围挡板的焊接点质量要求饱满、牢固，防止短时间内发生脱落。

11. 围挡材料装载时必须码放整齐绑扎牢固、严禁超载和超出车厢外。

12. 夜间作业时必须有足够的照明设施。

13. 围挡施作时，全线采用路锥和临时路栏进行封闭，进出口处设立减速、禁停标志和调流标志，地面喷导向箭头，围挡四角设安全警示灯，沿线每间隔 20 米设立安全警示灯以防止意外事故发生。

14. 施工现场必须保持干净，禁止乱扔废弃钢筋头和绑丝，以防止出现扎脚等现象。

15. 围挡板安装时，禁止晃动、打闹，防止钢筋立柱变形和伤人现象出现。

续上表

16. 焊接和安装围挡时，不得将工具、焊条或短筋随意放在支架上；暂停施工或离开时，应检查支架上有无易滑落物品。

17. 施工场地内材料堆放整齐，砂石料经常洒水，及时覆盖防止扬尘发生。

18. 围挡墙内外保持整洁，禁止依靠围挡墙堆放物料、器具等。禁止用围挡墙做挡土、挡水墙或做宣传牌（含广告牌）、机械设备的等支撑体。

19. 夜间作业时必须有足够的照明设施，出入口处设立防撞桶，施工人员身穿荧光服，临时路栏上贴反光膜并派有专人负责指挥交通。

重点强调：

1. 夜间作业时必须有足够的照明设施，出入口处设立防撞桶，施工人员身穿荧光服，临时路栏上贴反光膜并派有专人负责指挥交通。

2. 围挡板安装时，禁止晃动、打闹，以防止钢筋立柱变形和伤人现象出现。

审核人		交底人		接受交底负责人	

作业班组全体签名：

安全标志的设置与使用安全交底

编号：

施工单位	
工程名称	
分部分项工程	
工　　种	

交底内容：

一、主要危险源与危害因素

1. 对用电设备维修时，未在配电箱处悬挂警示牌且无专人看护。

2. 未得到批准，擅自将警示牌移走或拆除。

二、安全注意事项

1. 线路施工时在土方开挖的洞口四周设置警戒线，设置警示标志牌。

2. 在高压线路、高压电线杆、高压设备、雷击高危区、爆破物及有害危险气体和液体存放处等危险部位，设置明显的安全警示标志。

3. 需要夜间施工时，要设置警示灯。

4. 对用电设备维修时，必须在配电箱处悬挂警示牌且派专人看护。

5. 安全警示标志要有专人管理，当作业条件变化或损坏时，应及时更换。

6. 安全警示标志设置后未经批准，不得擅自移动或者拆除。

7. 施工作业人员在施工前必须注意该场所挂设的警示牌后才可按要求施工。

8. 有触电危险的作业场所应使用绝缘材料的警示牌。

9. 标志牌应设在与安全有关的醒目地方，并使大家看见后，有足够的时间来注意它所表示的内容。

10. 环境信息标志宜设在有关场所的入口处和醒目处，局部信息标志应设在所涉及的相应危险地点或设备(部件)附近的醒目处。

11. 标志牌的设置高度，应尽量与人眼视线高度一致。

12. 多个标志牌在一起设置时，应按照警告、禁止、指令、提示类型的顺序，先左后右先上后下的排列。

13. 标志牌的固定方式分附着式、悬挂式和柱式三种。悬挂式和附着式的固定应稳固不倾斜。柱式的标志牌和支架牢固的连接在一起。

14. 标志牌应设置在明亮的环境中。

15. 标志牌不应设在门、窗、架等可移动的物体上，以免这些物体位置移动后，看不见安全标志。

16. 安全标志牌每半年至少检查一次，如发现有破损、变形、褪色等不符合要求时应及时修整或更换。

17. 禁止在用电设备上使用金属等导电材质的警示牌。

18. 禁止在标志牌前堆置任何妨碍认读的障碍物。

续上表

重点强调： 1. 安全警示标志设置后未经批准，不得擅自移动或者拆除。 2. 禁止在标志牌前堆置任何妨碍认读的障碍物。					
审核人		交底人		接受交底负责人	
作业班组全体签名：					

生活设施使用安全交底

编号：

施工单位	
工程名称	
分部分项工程	
工　　种	

交底内容：

一、主要危险源与危害因素

1. 在宿舍私自使用电暖气等大功率电器。

2. 随意私拉电线。

二、安全注意事项

1. 禁止在正在建设的建筑物内住宿、办公。

2. 禁止封闭、堵塞宿舍的出口。

3. 宿舍内个人物品应摆放整齐，保持卫生整洁。

4. 宿舍要配备必要数量的灭火器。

5. 禁止人员在食堂内住宿和放置施工料具、有毒有害物品等。

6. 未经允许，不得在宿舍、办公室使用电暖气、电炉子、电炒锅等大功率电器。

7. 禁止燃用散煤等污染性燃料。

8. 厕所应及时冲刷清理、喷洒药物消毒，无蚊蝇孳生。

9. 严禁私自乱拉乱接线路，不得随意改变原有线路设置和设施等。

10. 严禁使用不合格插座。

11. 严禁在消防逃生通道堵塞杂物。

12. 严禁私自挪动消防设施。

13. 离开宿舍、办公室应锁好房间。

14. 禁止在电线上晾晒衣服等物品。

15. 2米高处及以上作业时，要正确系好安全带。

重点强调：

1. 禁止在宿舍私自使用电暖气等大功率电器。

2. 禁止在正在建设的建筑物内住宿、办公。

审核人		交底人		接受交底负责人	

作业班组全体签名：

污水垃圾处理与光污染控制安全交底

编号：

施工单位	
工程名称	
分部分项工程	
工　　种	

交底内容：

一、主要危险源与危害因素

1. 随意向排水沟丢弃堆放垃圾。

2. 生活废水和施工废水随意泼洒。

二、安全注意事项

1. 施工现场清出的垃圾，要用容器或小推车运到指定垃圾堆放点。

2. 废水要排到指定污水池，不得乱倒乱流。

3. 实行钻孔灌注桩工艺施工的桩基工程，应当在技术人员指导下采取降尘或者硬地坪覆盖等防止泥浆漫溢的有效措施。

4. 施工中的泥浆，未经处理，不得直接排入城市排水系统和河流。

5. 建筑垃圾应集中、分类堆放，及时清运；生活垃圾应采用封闭式容器，日产日清。

6. 不得在施工现场熔融沥青和焚烧垃圾等有毒有害物质。

7. 运输流体、沙石等容易飞扬的建筑材料和建筑垃圾，应当密封、遮盖，不得沿途抛撒、遗漏。

8. 严禁将有害废弃物作土方回填。

9. 夜间室外照明加设灯罩，透光方向集中在施工范围。

10. 电焊作业采取遮挡措施，避免电焊弧光外泄。

11. 垃圾要集中堆放，并定时清理。

12. 对于化学品等有毒材料、油料的存储地，应做好隔水层，做好渗漏液收集和处理。处理前，应接受技术人员的技术交底。

13. 禁止随意向排水沟丢弃堆放垃圾。

14. 禁止将生活废水和施工废水随意泼洒。

15. 夜间施工使用的照明灯，要采取遮光措施，限制夜间照明光线溢出施工场地以外范围，不对周围住户造成影响。

续上表

重点强调：

1. 夜间施工使用的照明灯，要采取遮光措施，限制夜间照明光线溢出施工场地以外范围，不对周围住户造成影响。

2. 禁止向排水沟中丢弃、堆放杂物。

审核人		交底人		接受交底负责人	

作业班组全体签名：

1.5　邻近铁路营业线施工

铁路营业线施工工地防护员安全交底

编号：

施工单位	
工程名称	
分部分项工程	
工　　种	

交底内容：

一、主要危险源与危害因素

1. 防护员酒后上班作业。

2. 工地防护员兼做其他工作。

二、安全注意事项

1. 当列车已到达作业地点规定下道的距离之内，作业人员仍未下道时，应吹响喇叭（或口笛）连续短声警告。如可能危及行车和人身安全时，应立即显示停车手信号，待危险因素消除后及时撤除停车信号。

2. 作业人员、机具下道后，应认真检查机具是否对车辆正常通过造成阻碍，若有要及时处理。

3. 直接从事带电作业的劳动者，必须穿绝缘鞋，必须戴绝缘手套，防止发生触电事故。

4. 工地防护员禁止兼做其他工作。

5. 防护员不准擅自离开岗位，不得与人闲谈或听收音机等。

6. 在施工作业期间，必须坚守岗位，加强瞭望，准确及时预、确报来车，确保作业人员、机具及时下道。

7. 使用电话通信防护，当需转移时，必须在开始作业前或机具人员下道后进行。并须征得施工负责人的同意，同时通知驻站联络员。若通话设备发生故障，联系中断，则应立即要求停止作业，人员、机具迅速下道。

8. 经施工负责人检查线桥设备状态，确认符合放行列车条件后，方能撤除防护（昼夜限速信号除外，但要确认显示的限速值）。

9. 为防止通话设备发生意外故障，工地防护员与驻站联络员必须经常保持联系，每隔3～5分钟通话一次，提速区段1～2分钟联系一次。

10. 现场不准兼职防护或一个人担任两个区间的防护工作。

11. 防护员执行职务时，必须穿着规定的服装，佩戴易于识别的证章，按规定带起防护信号设备。

12. 防护员禁止酒后上班作业。

13. 工地防护员上道前必须与驻站联络员和车站运转室校对钟表。

续上表

<table>
<tr><td colspan="6">重点强调：
1. 通话设备发生故障，联系中断，则应立即要求停止作业，人员、机具迅速下道。
2. 现场不准兼职防护或一个人担任两个区间的防护工作。</td></tr>
<tr><td>审核人</td><td></td><td>交底人</td><td></td><td>接受交底负责人</td><td></td></tr>
<tr><td colspan="6">作业班组全体签名：</td></tr>
</table>

铁路营业线施工驻站联络员安全交底

编号：

施工单位	
工程名称	
分部分项工程	
工　　种	

交底内容：

一、主要危险源和危害因素

1. 未确认现场作业人员是否离开线路或到达工区，擅自离开行车室。

2. 酒后上班工作。

二、作业程序

1. 穿好防护服装，带齐通话设备、施工计划、记录、笔、钟表、持证上岗。

2. 应按规定于作业人员上线行走前到达行车室（信号楼），安装好通话设备，与工地防护员、施工负责人试通话，校对时间（以行车时钟为准）。

3. 在进行施工作业登记和施工联系时，不得影响和中断通话防护。

4. 站内施工作业，应准确报告列车进路及影响施工的调车作业，通话防护必须执行复诵制度。

5. 车站对施工区间办理闭塞时，应立即向工地防护员发出预报。如是通过列车，则应提前一个车站（即邻站向车站发车时）发出预报。在开行快速列车的区段，旅客列车车次前加 T、K 等字母，预报时不得省略。

6. 当与工地呼叫不通（或通话故障）而有列车进入施工区间时，应立即与车站值班员联系，要求车站值班员向机车乘务员告知，通过作业地点时加强瞭望，发现异常立即停车。

7. 为防止通话设备发生意外故障，工地防护员与驻站联络员必须经常保持联系，每隔 3～5 分钟通话一次，提速区段 1～2 分钟联系一次。

8. 必须了解施工作业项目和施工进度，机具情况，现场作业里程，当日列车运行情况。注意值班员办理行车事项和观察行车控制台的信号显示。在执行任务时要及时准确的传达车次及邻线闭塞时间。

9. 精神状态良好，无错报、漏报。

10. 必须带齐防护设备，保证通信设备良好，要有备用通信设备。

11. 驻站联络员工作期间不得与车站值班员、兄弟单位防护员交谈与工作无关的事情，更不能嬉戏、打闹，手机只作为工作联系备用方式，禁止接打与工作无关电话，更不能收发短信。

12. 必须经培训，考试合格者才可以上岗工作。

13. 禁止未确认现场作业人员是否离开线路或到达工区，擅自离开行车室。

续上表

<table>
<tr><td colspan="6">重点强调：
1. 不得在工作期间看书或与人闲谈。
2. 工作期间，禁止擅自离开行车室。</td></tr>
<tr><td>审核人</td><td></td><td>交底人</td><td></td><td>接受交底负责人</td><td></td></tr>
<tr><td colspan="6">作业班组全体签名：</td></tr>
</table>

跨越铁路营业线临时道口看守员安全交底

编号：

施工单位	
工程名称	
分部分项工程	
工　　种	

交底内容：

一、主要危险源与危害因素

1. 列车到达前，未确认道口铺砌、轮缘槽、线路有无影响行车安全的障碍。

2. 将栏木置于半开半关的状态。

二、安全注意事项

1. 维护道口交通秩序，监视过往列车运行，确保铁路畅通和各种车辆及行人通过道口时的安全。

2. 认真执行规章制度，严格遵守劳动纪律，坚守岗位，集中精力，认真瞭望列车，适时开放栏木，显示规定信号，保证车辆行人安全。

3. 注意检查道口设备，及时清扫轮缘槽。经常保持信号、工具备品齐全有效。随时向通过道口的车辆行人进行安全宣传。

4. 要在便于瞭望处所，集中精力认真瞭望列车，并监视车辆行人，不得妨碍道口，天气恶劣或行人、车辆过多时，要坚持室外瞭望，并加强电话联系。

5. 接到电铃、电话的来车通知或发现列车开来，要手持信号旗或信号灯，立即出场，不得再作其他工作，有电话的要适时转告相邻道口。

6. 道口可以通行时，要疏通道口车辆和行人，指挥车辆依次驶出道口。

7. 根据列车、道口及车辆行人繁忙情况，适时落杆，天气恶劣时要适当提前落杆。

8. 确认道口线路无障碍后，要站在距外股钢轨2米以外的安全处所或接车台上，昼间高举拢起的黄色信号旗，夜间用白色灯光，面向来车方向，显示安全信号，列车鸣笛回示后放下。

9. 列车安全通过后，要确认电铃、电话无通知，本线和邻线无列车开来时，方可开放栏木。

10. 特别笨重、巨大的物件和可能破坏铁路设备、干扰行车的物体通过道口时，应在技术人员指导下采取相应的防护措施。

11. 不准饮酒后上班、擅离岗位。不准做与工作无关的事情，如看书，听广播等。

12. 禁止将栏木置于半开半关的状态。

13. 履带机械通过临时道口时，必须铺垫5厘米×5厘米以上的木质材料。

14. 光轮压路机通过临时道口时，必须铺垫双层草垫或木质材料。

15. 凡对道口设施、铁路轨道及设备有损坏作用的机械设备等，在未采取有效地安全防护措施前，禁止通过临时道口。

续上表

16. 道口值班人员发现道口故障，危及安全无法立即排除时，应立即发出警报信号，关闭栏木，用对讲机通知邻近车站、机车司机，封锁区间或拦(扣)停列车，并迅速在故障地点设好停车信号。 17. 当道口栏木因故障不能放下，列车接近道口时，道口值班人员立即到公路上将汽车等机动车及非机动车、行人拦停，列车过完后放行。					
重点强调： 1. 道口值班人员发现道口故障，危及安全无法立即排除时，应立即发出警报信号，关闭栏木，用对讲机通知邻近车站、机车司机，封锁区间或拦(扣)停列车，并迅速在故障地点设好停车信号。 2. 不准做与工作无关的事情，如看书，听广播等。					
审核人		交底人		接受交底负责人	
作业班组全体签名：					

跨越铁路营业线临时道口通行安全交底

编号：

施工单位	
工程名称	
分部分项工程	
工　　种	

交底内容：

一、主要危险源与危害因素

1. 道口看守员擅自离岗。

2. 栏木放下后，趁列车未来，强行穿越道口。

二、安全注意事项

1. 机械、车辆和行人通过临时道口时，必须听从道口看守人员和安全管理人员的指挥。

2. 凡道口栏杆关闭、音响器发出报警、道口信号显示红色灯光或道口看守人员示意列车即将通过等情况之一时，严禁通行，必须依次停在停止线以外，或停在距最外股钢轨 5 米以外，不得影响道口栏杆的关闭，不得撞、钻、爬、越道口栏杆。

3. 履带机械通过临时道口时，必须铺垫 5 厘米×5 厘米以上的木质材料。

4. 光轮压路机通过临时道口时，必须铺垫双层草垫或木质材料。

5. 机动车通过铁路道口不得超过 15 千米/小时，工程机械不得超过 10 千米/小时，大型机械设备不得超过 5 千米/小时。

6. 任何施工车辆和机械设备不得在道口内超车或停留。

7. 凡对道口设施、铁路轨道及设备有损坏作用的机械设备等，在未采取有效地安全防护措施前，禁止通过临时道口。

8. 严禁施工车辆在道口处交会。

9. 车辆通过电气化铁路道口前，还应注意对车辆高度(含载货部分)进行检查，任何部位与接触网带电部分的垂直距离不得小于 2 米。若果发现超限，要把超高部分卸载防止车辆超高挂断触电。

10. 钻机等高度较大设备通过电气化铁路道口前，应将设备进行拆解，以顺利通过道口。

11. 当道口栏木因故障不能放下，列车接近道口时，道口值班人员立即到公路上将汽车等机动车及非机动车、行人拦停，列车过完后放行。

12. 遇到恶劣天气(如大雨，浓雾等)，通过道口时要注意瞭望。

13. 当施工车辆或机械在道口发生故障时，应立即采取措施，将故障车辆或机械移走。

14. 过轨完毕立即拆除临时道口，防止其他车辆违章通过。

15. 道口看守员不得擅自离岗。

16. 栏木放下后，趁列车未来，不得强行穿越道口。

续上表

重点强调： 1. 必须听从道口看守员或现场管理人员的指挥。 2. 严禁施工车辆在道口处交会。					
审核人		交底人		接受交底负责人	
作业班组全体签名：					

跨越铁路营业线运输与作业安全交底

编号：

施工单位	
工程名称	
分部分项工程	
工　　种	

交底内容：

一、主要危险源与危害因素

1. 重型、超高、履带式运输车辆等通过既有道口，未对道口设备采取保护措施。

2. 来车时，过轨作业人员未在规定距离范围外下道避车

3. 在动车组通过的时段内跨轨运输与作业。

二、安全注意事项

1. 因施工需要跨轨运输材料、设备时，原则上应从既有线道口或既有桥涵下面通过。经过既有道口时，应听从道口看守工指挥，遵守道口安全制度。

2. 重型、超高、履带式运输车辆或施工机械通过既有道口，有可能破坏铁路设备、干扰行车时，应在技术人员指导下对既有设备采取安全和保护措施后再通过道口。

3. 如因道口及既有桥涵太远，需就地跨轨运输一般轻便施工材料及机具时(一人或两人可挑、抬的)，应集中固定地点，在列车通过的间隙时间进行。

4. 较笨重施工材料过轨(如 100 公斤以上片石、混凝土轨枕、钢轨等)，应在有关技术人员指导下，利用列车间隔时间，工地用停车手信号防护，方可过轨施工，如电话发生故障联络中断，应立即排除线路障碍，并停止跨轨作业。

5. 较笨重施工机具(机械)，需多人抬运过轨时，应与驻站联络员保持联系，按规定在作业两端做好施工防护，利用列车间隔进行过轨作业，如电话或对讲机发生故障，联络中断，应立即停止过轨作业，并排除线路障碍。

6. 重型机动车辆或施工机械过轨，原则上应从既有道口通过。如该地段确无道口或交通涵可通过时，应在有关技术人员指导下铺设临时道口，过轨时应与车站值班员联系。必要时对线路进行防护方可过轨。过轨完毕立即拆除临时道口，防止其他车辆违章通过。

7. 挑、抬运输施工弃土、弃石过轨时，应在技术人员指导下将道床覆盖，以防道床污染。施工完毕后，应消除污染物，必要时要清筛道床。

8. 过轨作业人员应在列车(非动车组)距离过轨点不少于 1200 米时，及时下道避车，各种机具材料下道后，应放置稳固并不得妨碍列车正常通过。

9. 在动车组通过的时段内不得跨轨运输与作业。

续上表

<table>
<tr><td colspan="6">重点强调：
1. 挑、抬运输施工弃土、弃石过轨时，应在技术人员指导下将道床覆盖，以防道床污染。施工完毕后，应消除污染物，必要时要清筛道床。
2. 过轨作业人员应在列车(非动车组)距离工地不少于 1200 米时，及时下道避车，各种机具材料下道后，应放置稳固并不得妨碍列车的正常通过。</td></tr>
<tr><td>审核人</td><td></td><td>交底人</td><td></td><td>接受交底负责人</td><td></td></tr>
<tr><td colspan="6">作业班组全体签名：</td></tr>
</table>

1.6 临时用电

接地与防雷安全交底

编号：

施工单位	
工程名称	
分部分项工程	
工　　种	

交底内容：

一、主要危险源与危害因素

1. 雷雨天在高处进行焊接作业。

2. 使用用电机械时没有接地接零。

二、安全注意事项

1. 施工现场开挖基坑、沟槽的边缘与地下低压电缆沟外边缘之间的距离不得小于50厘米。

2. 不得在外电架空线路下方搭设作业棚、生活设施，不得堆放构件、器具、材料和其他杂物。

3. 应在工程竣工后对施工临时用电系统及时拆除，拆除时应有技术人员指导。

4. 多雷及多雨季节，应在技术人员指导下在变配电装置上安装独立的防雷设置。

5. 严禁保护接零线与工作零线混接、混用。

6. 应使接地网尽量避开沟道。

7. 焊接时，应正确使用防护工具以免烫伤。

8. 保证电焊机外壳接地可靠，电焊把绝缘良好，做到一机、一闸、一保护。

9. 施工完毕或每天收工时，应做到工完、料尽、场地清。

10. 雷雨天禁止高处作业。

11. 在吊车、脚手架等其他一些机械设备上安装避雷装置时，应有技术人员指导。

12. 雷雨时应停止钢构件吊装作业，并应停止焊接工作。如遇特殊情况必须焊接时，应在技术人员指导下采取可靠的防雷措施。

13. 雷雨时，位于钢构架顶部的施工人员应迅速撤离现场。

14. 严禁雷雨天气时在钢结构屋顶表面行走。

15. 雷雨天气，在室外不宜使用手机、对讲机等各类通信工具。在室内不宜拨打或接听固定电话，尽量使用免提电话。

16. 雷雨天气施工，不要在室外肩扛钢管等金属材料或潮湿的木材走动。

17. 确保具有金属外壳的设备接地后再进行使用。

续上表

<table>
<tr><td colspan="6">重点强调：
1. 雷雨天禁止高处作业。
2. 严禁保护接零线与工作零线混接、混用。</td></tr>
<tr><td>审核人</td><td></td><td>交底人</td><td></td><td>接受交底负责人</td><td></td></tr>
<tr><td colspan="6">作业班组全体签名：</td></tr>
</table>

变、配电设施安全交底

编号：

施工单位	
工程名称	
分部分项工程	
工　　种	

交底内容：

一、主要危险源与危害因素

1. 在高压区作业时，未正确穿戴绝缘防护用品。

2. 雨天作业时，未与高压配电设施相隔足够的安全距离。

二、安全注意事项

1. 现场变、配电高压设备，不论带电与否，严禁对其跨越遮拦。

2. 高压带电区域内工作时，必须与带电部分保持安全距离，并应有人监护。

3. 在高压区作业时，必须正确穿戴绝缘防护用品。

4. 雨天室外带电作业时，要正确穿戴绝缘防护用品。

5. 在工作前要确保电器设备的金属外壳接地接零良好。

6. 严禁用其他金属线代替电气设备所用的保险丝。

7. 严禁向变、配电设施处洒水。

8. 在高压变、配电设施处应设置警示牌，禁止闲杂人员靠近。

9. 发现用电线路破损时要及时报相关技术人员处理，不得擅自进行处理。

10. 断电修理设施时，要在配电箱处设立警示标志，并派专人看守。

11. 搬运配电柜时，应在地面垫木板用滚杆移动，并有专人统一指挥。用撬杠拨动时，应防止配电柜倾斜。

12. 在基础上调整柜体时，动作应协调一致，防止挤伤手脚。

13. 禁止未得到批准，擅自送电调试。

14. 在高压区作业时，要听从指挥，严格按照技术人员要求进行。

15. 搬运柜体时，要穿防滑鞋，防止摔伤等事故。

16. 不得在高压区堆放构件、器具、材料和其他杂物。

重点强调：

1. 雨天作业，必须与高压配电设施相隔足够的安全距离，并且要正确穿戴绝缘防护用品。

2. 在高压变、配电设施处应设置警示牌，禁止闲杂人员靠近。

审核人		交底人		接受交底负责人	

作业班组全体签名：

施工照明安全交底

编号：

<table>
<tr><td>施工单位</td><td colspan="5"></td></tr>
<tr><td>工程名称</td><td colspan="5"></td></tr>
<tr><td>分部分项工程</td><td colspan="5"></td></tr>
<tr><td>工　　种</td><td colspan="5"></td></tr>
<tr><td colspan="6">交底内容：
一、主要危险源与危害因素
1. 2米及以上高处作业时没有正确系好安全带。
2. 电线破损未及时报相关技术人员处理。
二、安全注意事项
1. 用电作业人员必须持证上岗。
2. 安装室外照明灯具高处(2米及以上)作业时，应正确佩戴安全带。
3. 安全照明变压器不得放在高温、潮湿的地方，严禁放入沟槽、隧道、金属容器内使用。
4. 不得在有易燃物的场所使用碘钨灯等高热光源。
5. 作业前，必须确保安全照明变压器的铁芯、二次绕组外壳可靠接地。
6. 外电架空线路下方不得搭设作业棚、生活设施，不得堆放构件、器具、材料和其他杂物。
7. 现场办公室、宿舍、工作棚内的照明线，除橡套软电缆和塑料护套线外，均应固定在绝缘子上，并应分开敷设。穿过墙壁时应套绝缘管。
8. 不得使照明电源线路接触潮湿地面，并不得接近热源和直接绑挂在金属构架上。
9. 夜间施工时，应使作业场地得到充分的照明，禁止摸黑作业。
10. 严禁将行灯变压器带进金属容器或金属管道内使用。
11. 放置易燃物时要与照明灯具保持一定的安全距离，当间距不够时，要在技术人员指导下采取隔热措施。
12. 禁止酒后上班作业。
13. 禁止使用破损、老化的临时电缆、电线，导致人员伤亡、财产损失。
14. 发现电线破损要及时报相关技术人员处理。</td></tr>
<tr><td colspan="6">重点强调：
1. 禁止使用破损、老化的临时电缆、电线，导致人员伤亡、财产损失。
2. 夜间施工，要保证照明充分，禁止摸黑作业。</td></tr>
<tr><td>审核人</td><td></td><td>交底人</td><td></td><td>接受交底
负责人</td><td></td></tr>
<tr><td colspan="6">作业班组全体签名：</td></tr>
</table>

第2章　特殊作业

2.1　特种作业

脚手架作业安全交底

编号：

施工单位	
工程名称	
分部分项工程	
工　　种	

交底内容：

一、主要危险源与危害因素

1. 钢管堆放场地排水不畅通有积水，搭设场地杂物堆积。

2. 钢管表面有裂缝、结疤、分层、错位、硬弯、毛刺、压痕和深的划道时，仍继续使用。

3. 搭设脚手架人员没戴好安全帽、系好安全带、穿好防滑鞋。

4. 大雨及风力6级以上(含6级)等恶劣天气时，仍进行露天高处以及井口附近的作业。

5. 脚手架的使用期间私自拆除主节点处的纵、横向水平杆、扫地杆及连墙件。

6. 在脚手架基础及相邻处进行挖掘作业。

二、安全注意事项

1. 搭设脚手架人员必须戴好安全帽、系好安全带、穿好防滑鞋。

2. 经检验合格的构配件应堆放整齐、平稳，堆放场地不得有积水。

3. 应清除搭设场地杂物，平整搭设场地，并使排水畅通。

4. 当脚手架基础下有设备基础、管沟时，在脚手架使用过程中禁止私自开挖脚手架基础。

5. 搭拆脚手架时，应在技术人员指导下设围栏和警戒标志，严禁非操作人员入内。

6. 作业层上不得超载，不得将模板支架、缆风绳、混凝土泵管等到固定在脚手架上，严禁悬挂起重设备。

7. 大雨及6级以上大风(含6级)等恶劣天气时，应停止作业。

8. 钢管表面有裂缝、结疤、分层、错位、硬弯、毛刺、压痕和深的划道时禁止使用。

9. 作业人员应佩戴工具袋，工具用完后要装于袋中，禁止放在架子上。

10. 严禁在架面上打闹嬉戏耍、退着行走和跨坐在外防护横杆上休息。

11. 拆除脚手架时必须由上而下逐层进行，严禁上下同时作业。

12. 严禁将拆下的杆件和材料向地面抛掷。

续上表

<table>
<tr><td colspan="6">重点强调：
1. 搭设脚手架人员必须戴好安全帽、系好安全带、穿好防滑鞋。
2. 作业层上不得超载，不得将模板支架、缆风绳、混凝土泵管等到固定在脚手架上，严禁悬挂起重设备。
3. 大雨及 6 级以上大风（含 6 级）等恶劣天气时，应停止作业。
4. 拆除脚手架时必须由上而下逐层进行，严禁上下同时作业。
5. 不得在脚手架基础及相邻处进行挖掘作业。
6. 脚手架作业时，严禁非操作人员入内。</td></tr>
<tr><td>审核人</td><td></td><td>交底人</td><td></td><td>接受交底负责人</td><td></td></tr>
<tr><td colspan="6">作业班组全体签名：</td></tr>
</table>

起重吊装安全交底

编号：

施工单位	
工程名称	
分部分项工程	
工　　种	

交底内容：

一、主要危险源与危害因素

1. 操纵室远离地面的起重机，地面及作业层（高空）的指挥人员联络不及时。

2. 起重机进行斜拉、斜吊或起吊地下埋设或凝固在地面上的重物。

3. 起重机与架空输电导线的安全距离小。

4. 起吊重物长时间悬挂在空中。

5. 非机械操作人员私自操作起重机械。

6. 起重机使用的钢丝绳表面锈蚀或磨损。

7. 大雨及风力 6 级以上（含 6 级）等恶劣天气时，仍进行起重吊装作业。

二、安全注意事项

1. 操纵室远离地面的起重机，地面及作业层（高空）的指挥人员均应采用对讲机等有效的通信工具进行指挥。

2. 应起重吊装人员必须持证上岗，按规定的起重性能作业，禁止超载。

3. 禁止使用起重机进行斜拉、斜吊和起吊地下埋设或凝固在地面上的重物以及其他不明重量的物体。现场浇筑的混凝土构件或模板，必须全部松动后方可起吊。

4. 操作人员在作业前必须对工作现场环境、行驶道路、架空电线、建筑物以及构件重量和分布情况进行全面了解。

5. 操作人员进行起吊前，应发出音响信号示意。

6. 起吊重物应绑扎平稳、牢固，禁止在重物上堆放或悬挂零星物件。

7. 清除起重臂起落及回转半径内的障碍物，以保证机械安全作业。

8. 重物下降不得突然制动，不得带载自由下降。

9. 起重机不得靠近输电线路作业。保持起重机与架空输电导线的安全距离。

10. 禁止起吊重物长时间悬挂在空中。

11. 在露天有 6 级及以上大风或大雨、大雪、大雾等恶劣天气时，应停止起重吊装作业。

12. 重物吊运时，禁止从人上方通过；禁止用起重机载运人员。

13. 起重机作业时，起重臂和重物下方禁止有人停留、工作或通过。

14. 起重吊装人员必须持证上岗，作业时应与指挥人员密切配合。

15. 禁止用手拉或脚踩来引导钢丝绳。钢丝绳涂抹润滑脂，必须在停止运转后进行。

续上表

<table>
<tr><td colspan="6">重点强调：
1. 起重吊装人员必须持证上岗。
2. 重物下降禁止突然制动、带载自由下降。
3. 禁止起吊重物长时间悬挂在空中。
4. 起重机不得靠近输电线路作业。
5. 应按规定的起重性能作业，严禁超载。
6. 在露天有 6 级及以上大风或大雨、大雪、大雾等恶劣天气时，应停止起重吊装作业。
7. 重物吊运时，禁止从人上方通过；禁止用起重机载运人员。</td></tr>
<tr><td>审核人</td><td></td><td>交底人</td><td></td><td>接受交底负责人</td><td></td></tr>
<tr><td colspan="6">作业班组全体签名：</td></tr>
</table>

模板、支架作业安全技术交底

编号：

施工单位	
工程名称	
分部分项工程	
工　　种	

交底内容：

一、主要危险源与危害因素

1. 没有戴好安全帽，系好安全带。

2. 高处作业时，废料、工具等随手乱放。

3. 塔吊吊装大模板时违章操作。

4. 上下层同时作业。

5. 脚手架上堆放大批模板等材料。

6. 模板上的预留洞没有盖好。

7. 大风、大雨等恶劣天气时，仍进行高处作业。

二、安全注意事项

1. 施工人员必须戴好安全帽，高空作业人员必须系好安全带。

2. 在技术人员的指导下按照模板施工方案的要求作业。

3. 经医生检查认为不适宜高空作业的人，禁止进行高空作业。

4. 作业人员应佩戴工具袋，工具不用时要装于袋中，禁止随手乱放。

5. 禁止上下层同时作业，如果施工需要则应在技术人员指导下添加防护网。

6. 拆除板、梁、柱墙模板，4 米以上的作业时应搭设脚手架或操作平台，并设防护栏杆。

7. 高空拆模时，应标出工作区，用绳子和红白旗加以围栏。

8. 进行拆除作业时，应设置警示标牌。

9. 遇 6 级以上的大风、大雨等恶劣天气时，应暂停室外的高空作业。

10. 安装和拆除柱、墙、梁、板的操作层，首层以上应添加安全网，作业应有技术人员指导。

11. 钢模板及配件应随装拆随运送，严禁从高处掷下。

12. 禁止在脚手架上堆放大批模板等材料。

13. 支撑、牵杠等禁止搭在门窗框和脚手架上。

14. 拆模间歇时，应将已活动的模板、牵杠、支撑等运走或妥善堆放。

15. 模板上有预留洞时，应在安装后将洞口盖好，混凝土板上的预留洞，应在模板拆除后即将洞口盖好。

16. 塔吊吊装大模板时严禁违章操作。

续上表

<table>
<tr><td colspan="6">重点强调：
1. 经医生检查认为不适宜高空作业的人，禁止进行高空作业。
2. 作业人员应佩戴工具袋，工具不用时要装于袋中，禁止随手乱放。
3. 遇 6 级以上的大风、大雨等恶劣天气时，应暂停室外的高空作业。
4. 钢模板及配件应随装拆随运送，严禁从高处掷下。
5. 禁止在脚手架上堆放大批模板等材料。</td></tr>
<tr><td>审核人</td><td></td><td>交底人</td><td></td><td>接受交底
负责人</td><td></td></tr>
<tr><td colspan="6">作业班组全体签名：</td></tr>
</table>

电焊作业安全技术交底

编号：

施工单位	
工程名称	
分部分项工程	
工　　种	

交底内容：

一、主要危险源与危害因素

1. 焊机的外壳和工作台没有良好的接地。

2. 焊接场地放置易燃易爆物品。

3. 操作没戴防护眼镜或面罩。

4. 高处作业未系安全带，未采取防护措施。

5. 大雨及风力 6 级以上（含 6 级）等恶劣天气时，仍进行露天高处作业。

6. 接地线在有易燃易爆介质的管道或设备上。

7. 乱拉乱接电线。

二、安全注意事项

1. 特种作业必须持证上岗（在有效期内）。

2. 电焊作业要严格执行动火审批规定，无动火证严禁电焊作业。

3. 每台电焊机应放在防雨的闸箱内，拉合闸时，应戴手套侧向操作。

4. 操作前应检查所有工具、电焊机、电源开关及线路是否良好，金属外壳应有安全可靠接地，进出线应有完整的防护罩，进出线端应用铜接头焊牢。

5. 电焊机严禁用金属丝代替保险丝。

6. 施焊场地周围及下方，要先清除可燃、易燃物品（包括可燃杂物、废料），并在技术人员的指导下在焊点下方设接火斗，设置警戒，不准行人通过或停留。

7. 严禁在带压力的容器或管道上施焊，焊接带电的设备必须先切断电源。

8. 焊接贮存过易燃、易爆、有毒物品的容器（桶）或管道，必须事先清洗干净。

9. 在潮湿地点施焊工作，应站在绝缘胶板或干燥木板上。

10. 在高处作业，必须系挂好安全带。

11. 在密闭金属容器内施焊时，容器必须可靠接地，通风良好，严禁向容器内输入氧。

12. 地下室、基坑内或低坑柱接头焊接，必须通风良好。

13. 地线禁止与钢丝绳、外脚手架钢管和井字架接触，更不准用钢丝绳或机电设备代替零线。

14. 焊接时应戴好防护眼镜或面罩。

15. 大雨及风力 6 级以上（含 6 级）等恶劣天气时，应及时停止露天作业。

16. 禁止乱拉乱接电线。

17. 焊接电缆横过通道时必须采取穿管，埋入地下，架空等保护措施。

18. 焊接场地禁止放置易燃易爆物品。

续上表

19. 接地线禁止接在有易燃易爆介质的管道或设备上。 20. 进入施工现场禁止吸烟,禁止酒后作业,禁止追逐打闹,禁止串岗。 21. 禁止操作与自己无关的机械设备。 22. 严禁借用金属管道,金属脚手架、轨道,结构钢筋等金属物代替导线作用。 23. 焊接电缆横过通道时必须采取穿管埋入地下、架空等保护措施。
重点强调: 1. 作业人员必须持证上岗(在有效期内)。 2. 电焊作业人员作业时必须穿戴好保护用品,安全用具。 3. 进入施工现场禁止吸烟,禁止酒后作业,禁止追逐打闹,禁止串岗。 4. 禁止操作与自己无关的机械设备。 5. 严禁借用金属管道,金属脚手架、轨道,结构钢筋等金属物代替导线作用。 6. 焊接电缆横过通道时必须采取穿管埋入地下、架空等保护措施。 7. 风力 6 级以上,雨雪等恶劣天气不得露天作业。

审核人		交底人		接受交底负责人	

作业班组全体签名:

气焊(割)作业安全交底

编号：

施工单位	
工程名称	
分部分项工程	
工　　种	

交底内容：

一、主要危险源与危害因素

1. 焊、割作业时未穿戴工作服、绝缘鞋、防护手套、防护面罩、护目镜等防护用品。

2. 焊接作业现场堆放易燃易爆物品。

3. 大雨及风力 6 级以上(含 6 级)等恶劣天气时仍进行露天作业。

4. 点火时，焊炬口对着人，将正在燃烧的焊炬放在工件或地面上。

5. 高处作业时，氧气瓶、乙炔瓶、液化气瓶放在作业区域下方。

6. 冬天露天作业，减压阀软管和流量计冻结时，用火烘烤。

7. 气路或气阀漏气时，仍继续作业。

8. 将橡胶软管背在背上作业。

二、安全注意事项

1. 高处作业时，氧气瓶、乙炔瓶不得放在作业区域下方，应与作业点正下方保持 10 米以上的距离。

2. 停止作业时应切断气源，确认无着火危险后方可离开。

3. 禁止将橡胶软管背在背上工作。

4. 作业后应将氧气、乙炔瓶的减压器卸下拧上气瓶安全帽。

5. 禁止在乙炔瓶上放置物件或缠绕悬挂橡皮管及割焊炬。

6. 严禁私自焊、割装有易燃、易爆物的容器及受力构件。

7. 气焊(割)作业时，不能使用泄露、磨损及老化的软管及接头。

8. 发现减压阀软管、流量计冻结时，禁止用火烤，更不允许用氧气去吹乙炔管道。

9. 橡皮管要专用，乙炔管和氧气管分别为红色和蓝色，不能对调使用。

10. 使用焊、割炬前，必须检查射吸情况，射吸不正常时，必须修理正常后方可使用。

11. 焊(割)炬点火前应检查整个系统，不得漏气、堵塞，软管不得泄露、磨损和老化。

12. 禁止在氧气阀门和乙炔阀门同时开启时使用手或其他物体堵住焊(割)嘴。

13. 焊(割)嘴不得过分受热，温度过高时应放入水中冷却。

14. 焊(割)炬使用完后，不得放在可燃物上。

15. 点火时，焊炬口不许对着人，不许将正在燃烧的焊炬放在工件或地面上。

16. 大雨及风力 6 级以上(含 6 级)等恶劣天气时应及时停止露天作业。

17. 焊接作业现场不许乱堆乱放易燃易爆物品。

18. 焊、割作业时应穿戴好工作服、绝缘鞋、防护手套、防护面罩、护目镜等防护用品。

19. 作业人员必须持证上岗(在有效期内)。

20. 气焊(割)作业人员要穿灵便的耐火工作服。

续上表

重点强调：

1. 作业人员必须持证上岗(在有效期内)。
2. 禁止将橡胶软管背在背上工作。
3. 气焊(割)作业人员要穿灵便的耐火工作服。
4. 焊(割)炬使用完后，不得放在可燃物上。

审核人		交底人		接受交底负责人	

作业班组全体签名：

爆破作业安全交底

编号：

施工单位	
工程名称	
分部分项工程	
工　　种	

交底内容：

一、主要危险源与危害因素

1. 雷雨天气进行作业。

2. 未按要求进行警戒或警戒距离小。

3. 作业场地附近堆放剩余爆破物品。

4. 早爆、拒爆或盲炮。

二、安全注意事项

1. 爆破工程，必须严格按照安全技术方案施工。

2. 爆破作业人员（包括爆破员、爆破器材保管员、安全员和爆破器材押运员）须持证上岗操作。

3. 联结导火索和火雷管，必须在专用房内加工。房内不准有电气、金屑设备，无关人员不得入内。

4. 切割导火索或导爆索，必须用锋利小刀，禁止用剪刀剪断或用石器、铁器敲断。

5. 加工起爆药包，只许在爆破现场于爆破前进行。

6. 装药要用专用工具轻塞，严禁用力抵入和使用金属棒捣实。

7. 放炮必须在技术人员的指导下，事先设立警戒范围，规定警戒时间、信号标志等。

8. 使用火雷管时，导火索点火只准用专用香棒，不准使用香烟、火柴或其他明火。

9. 火炮群和电炮群在同一施工地段，先点火炮，后合电闸；点火炮不得两人在同一方向先后点炮，每人点炮数目不得超过15个点。

10. 起爆后，均不得在最后一炮爆炸之后前20分钟进入工作面。

11. 坑道内两个邻近工作面之间的厚度小于20米时，一方起爆另一方工作人员应全部撤离工作面。

12. 放炮后最少要两人巡视放炮地点，检查处理危岩、支架、瞎炮、残炮。

13. 导爆索禁止撞击、抛掷、践踏。切割导火索或导爆索的台桌上，不得放置雷管。

14. 禁止使用冻结、半冻结或半熔化的硝化甘油炸药。

15. 不得早爆、拒爆或盲炮。

16. 雷雨等恶劣天气应及时停止爆破。

17. 处理哑炮中，必须是专业爆破人员参与检查，任何人无权私自到现场检查处理。

18. 爆破后，如需清理的物料，必须注意上部物料结块落下伤人。

19. 爆破中，现场不能存放雷管和炸药，应远离现场。

续上表

重点强调：

1. 爆破工作必须由专人持证爆破。
2. 将爆破现场拉上警戒线。
3. 爆破时，现场人员必须戴安全帽。
4. 处理哑炮中，必须是专业爆破人员参与检查，任何人无权私自到现场检查处理。
5. 爆破后，如需清理的物料，必须注意上部物料结块落下伤人。
6. 爆破中，现场不能存放雷管和炸药，应远离现场。

审核人		交底人		接受交底负责人	
作业班组全体签名：					

2.2　特殊场所作业

临边防护安全交底

编号：

施工单位	
工程名称	
分部分项工程	
工　　种	

交底内容：

一、主要危险源与危害因素

1. 有坠落可能的物件，未先行撤除或加以固定。

2. 不用的工具随手放置；拆卸下的物件及余料和废料任意乱置或向下丢弃；抛掷传递物件。

3. 大雨及风力 6 级以上(含 6 级)等恶劣天气时进行露天高处作业。

4. 未严格执行登高作业“六不准”之规定。

5. 未严格执行高处作业“十不准”之规定。

二、安全注意事项

1. 能掌握安全“三宝”(安全帽、安全带、安全网)的正确使用方法。

2. 高处搭设脚手架和无防护边缘上作业必须系挂安全带等可靠的个人防护装置。

3. 高处作业的安全标志、工具、仪表、电气设施和各种设备，必须在施工前加以检查。

4. 施工中对高处作业的安全技术设施，发现有缺陷和隐患时，必须及时报告先行撤除或加以固定。

5. 雨天和雪天进行高处作业时，必须穿戴好可靠的防滑、防寒和防冻安全防护用品。

6. 高落差超过 2 米的临边，孔隙口等应在技术人员的指导下安设护栏或安全网。

7. 高处作业不要用力过猛，防止失去平衡而坠落。

8. 对各种防护装置、防护设施和警告、安全标志等不得随意拆除和随意挪动。

9. 经医生检查认为不适合高处作业的人员，不得从事高处作业。

10. 登高作业“六不准”：(1)不准往下乱抛物品；(2)不准背向下走下扶梯；(3)不准穿拖鞋、凉鞋、高跟鞋；(4)不准嬉笑打闹；(5)不准靠在临时扶手或栏杆上；(6)不准在安全带未挂牢时作业。

11. 高处作业十不准：(1)高处作业没系安全带不准作业；(2)高处作业没戴安全帽不准作业；(3)高处作业没安装安全网不准作业；(4)高处作业不准赤臂作业；(5)高处作业不准穿硬底鞋(拖鞋)作业；(6)高处作业不准带病作业；(7)高处作业不准双层作业；(8)高处作业不准嬉戏；(9)高处作业的脚手架不准用劣质材料；(10)高处作业的物料不准抛投。

12. 遇有 6 级以上强风、浓雾等恶劣气候，不得进行露天临边作业。

续上表

重点强调：

1. 工具应随手放入工具袋，传递物件禁止抛掷。
2. 遇有 6 级以上强风、浓雾等恶劣气候，不得进行露天临边作业。
3. 对各种防护装置、防护设施和警告、安全标志等不得随意拆除和随意挪动。
4. 严格执行登高作业“六不准”之规定。
5. 严格执行高处作业“十不准”之规定。

审核人		交底人		接受交底负责人	

作业班组全体签名：

攀登作业安全交底

编号：

施工单位	
工程名称	
分部分项工程	
工　　种	

交底内容：

一、主要危险源与危害因素

1. 不用的工具随手放置；拆卸下的物件及余料和废料任意乱置或向下丢弃；抛掷传递物件。

2. 大雨及风力 6 级以上（含 6 级）等恶劣天气时进行露天攀登作业。

3. 未严格执行登高作业“六不准”之规定。

4. 未严格执行高处作业“十不准”之规定。

二、安全注意事项

1. 进入现场，必须戴好安全帽，扣好帽带，并正确使用个人劳动防护用具。

2. 进行攀登作业时可使用梯子或采用其他攀登设施。

3. 不得任意利用吊车臂架等施工设备进行攀登。

4. 梯脚底部不得垫高使用，梯子的上端必须固定。

5. 梯子如需接长使用，必须有可靠的连接措施，且接头不得超过 1 处。

6. 折梯使用时，应提前检查铰链是否牢固，并应有可靠的拉撑措施。

7. 上下梯子时，必须面向梯子，且不得手持器物。

8. 作业人员应从规定的通道上下，不得在阳台之间等非规定通道进行攀登。

9. 登高作业“六不准”：（1）不准往下乱抛物品；（2）不准背向下走下扶梯；（3）不准穿拖鞋、凉鞋、高跟鞋；（4）不准嬉笑打闹；（5）不准靠在临时扶手或栏杆上；（6）不准在安全带未挂牢时作业。

10. 高处作业十不准：（1）高处作业没系安全带不准作业；（2）高处作业没戴安全帽不准作业；（3）高处作业没安装安全网不准作业；（4）高处作业不准赤臂作业；（5）高处作业不准穿硬底鞋（拖鞋）作业；（6）高处作业不准带病作业；（7）高处作业不准双层作业；（8）高处作业不准嬉戏；（9）高处作业的脚手架不准用劣质材料；（10）高处作业的物料不准抛投。

11. 大雨及风力 6 级以上（含 6 级）等恶劣天气时应及时停止露天攀登作业。

12. 拆卸下的物件及余料和废料均应及时清理运走，不得任意乱置或向下丢弃。

续上表

重点强调：					
1. 严格执行登高作业“六不准”之规定。 2. 严格执行高处作业“十不准”之规定。 3. 对进行高处作业的(模板的支撑和拆除)遇有6级以上强风、浓雾等恶劣气候，不得进行露天攀登作业。 4. 高处作业不要用力过猛，防止失去平衡而坠落。 5. 拆卸下的物件及余料和废料均应及时清理运走，不得任意乱置或向下丢弃。					
审核人		交底人		接受交底负责人	
作业班组全体签名：					

悬空作业安全交底

编号：

施工单位	
工程名称	
分部分项工程	
工　　种	

交底内容：

一、主要危险源与危害因素

1. 不用的工具随手放置；拆卸下的物件及余料和废料任意乱置或向下丢弃；抛掷传递物件。

2. 大雨及风力 6 级以上（含 6 级）等恶劣天气时进行露天悬空高处作业。

3. 未严格执行登高作业“六不准”之规定。

4. 未严格执行高处作业“十不准”之规定。

5. 高处作业用力过猛。

二、安全注意事项

1. 不得任意乱置或向下丢弃，传递物件禁止抛掷。

2. 高处作业的安全标志、工具、仪表、电气设施和各种设备，必须在施工前加以检查。

3. 悬空高处作业人员及搭设高处作业安全设施的人员必须持证上岗。

4. 施工中对高处作业的安全技术设施，发现有缺陷和隐患时，应及时报告。

5. 工具应随手放入工具袋，拆卸下的物件及余料和废料均应及时清理运走。

6. 雨天和雪天进行高处作业时，必须穿戴好可靠的防滑、防寒和防冻安全防护用品。

7. 高处作业不要用力过猛，防止失去平衡而坠落。

8. 在平台等处拆木模，撬棒要朝里，不要向外，防止人向外坠落。

9. 经医生检查认为不适合高处作业的人员，不得从事高处作业。

10. 登高作业“六不准”：(1)不准往下乱抛物品；(2)不准背向下走下扶梯；(3)不准穿拖鞋、凉鞋、高跟鞋；(4)不准嬉笑打闹；(5)不准靠在临时扶手或栏杆上；(6)不准在安全带未挂牢时作业。

11. 高处作业十不准：(1)高处作业没系安全带不准作业；(2)高处作业没戴安全帽不准作业(3)高处作业没安装安全网不准作业；(4)高处作业不准赤臂作业；(5)高处作业不准穿硬底鞋(拖鞋)作业；(6)高处作业不准带病作业；(7)高处作业不准双层作业；(8)高处作业不准嬉戏；(9)高处作业的脚手架不准用劣质材料；(10)高处作业的物料不准抛投。

12. 对进行高处作业的(模板的支撑和拆除)遇有 6 级以上强风、浓雾等恶劣气候，不得进行露天悬空高处作业。

13. 在平台等处拆木模，撬棒要朝里，不要向外，防止人向外坠落。

续上表

<table>
<tr><td colspan="6">重点强调：
1. 工具应随手放入工具袋，传递物件禁止抛掷。
2. 遇有6级以上强风、浓雾等恶劣气候，不得进行露天攀登与悬空高处作业。
3. 在平台等处拆木模，撬棒要朝里，不要向外，防止人向外坠落。
4. 严格执行登高作业“六不准”之规定。
5. 严格执行高处作业“十不准”之规定。</td></tr>
<tr><td>审核人</td><td></td><td>交底人</td><td></td><td>接受交底负责人</td><td></td></tr>
<tr><td colspan="6">作业班组全体签名：</td></tr>
</table>

水上水下施工作业安全交底

编号：

施工单位	
工程名称	
分部分项工程	
工　　种	

交底内容：

一、主要危险源与危害因素

1. 在作业船上嬉戏打闹。

2. 无关人员随意操作机械。

3. 船员违章操作船只。

4. 私拉私接电线。

5. 在船上吸烟乱扔乱丢烟头。

6. 随意抛掷工具、硬物等。

二、安全注意事项

1. 水上作业时穿救生衣，佩带安全绳，并将其系在牢固的地方(如贝雷梁、已施工好的钢管桩等)。

2. 履带吊装起重作业时，应在技术人员的指导下按施工要求进行定位，并在履带吊履带下加铺垫板。

3. 船只在航行前，应检查各部位的机械与设施是否良好，不得带病作业。

4. 遇有雨、雾天，视线不清时，船只应显示规定的信号，必要时，应停止航行或作业。

5. 定位船及作业船锚锭后，应在涉及航域范围内设置警示标志。

6. 船只靠岸后，应在技术人员的指导下搭设跳板、扶手或安全网，经踏试稳定牢固，方可上下人或装卸货物。

7. 船行中途遇有阵风、雨时，乘船人员不得走动或站立。

8. 打桩船、起重船施工前应了解作业区域的水深、流速、河床地质等有关情况。

9. 抛锚、就位应保持船体稳定。如用两艘船体连接时，必须连接牢固，稳定可靠。

10. 牵引或在旁侧拖带作业船时，严禁超载，牵引用的钢丝绳必须连接牢固。

11. 交通船应按规定的载人数量渡运，严禁超员强渡。

12. 潜水员必须持证上岗，无证人员严禁从事潜水作业。

13. 潜水作业前，要充分了解作业现场的水深、流速、水质、地质、风速和水下生物、障碍物等情况。

14. 严格执行潜水作业安全操作规程，特别是从事水下用电等危险性较大的作业时，要重点熟悉掌握有关作业的安全操作规程。

15. 严禁潜水员酒后进行潜水作业，水下作业时不得进行与指定作业无关的行为，特别是不得接触水下不明的生物和物体，遇有不明情况应及时和水面联系。

续上表

<table>
<tr><td colspan="6">16. 潜水作业区域和作业船舶，必须在明显处设信号旗、信号灯及醒目标志，任何无关船舶严禁进入潜水作业区域。
17. 抛锚时，锚链滚滑附近不得站人。
18. 在作业船上不准嬉戏打闹。
19. 禁止各种违章操作。
20. 非电工工作人员禁止私拉私接电线。
21. 禁止在船上吸烟乱扔乱丢烟头。
22. 禁止随意抛掷工具、硬物等。</td></tr>
<tr><td colspan="6">重点强调：
1. 水上作业时不论是否属于高空作业均应穿救生衣，佩带安全绳，并将其系在牢固的地方(如贝雷梁、已施工好的钢管桩等)。
2. 船只靠岸后，应搭设跳板、扶手或安全网，经踏试稳定牢固，方可上下人或装卸货物。
3. 潜水员必须持证上岗，无证人员严禁从事潜水作业。</td></tr>
<tr><td>审核人</td><td></td><td>交底人</td><td></td><td>接受交底负责人</td><td></td></tr>
<tr><td colspan="6">作业班组全体签名：</td></tr>
</table>

2.3　特殊环境作业

雨期施工安全交底

编号：

施工单位	
工程名称	
分部分项工程	
工　　种	

交底内容：

一、主要危险源与危害因素

1. 大雨时，仍进行高空施工作业。
2. 雨天进行露天电焊或气焊作业。
3. 高空作业，没有戴好安全帽、系好安全带。
4. 大雨时基坑内施工人员仍继续工作未及时撤出。
5. 雷雨时，工人与钢架、架空电线距离不足 10 米。

二、安全注意事项

1. 雷雨时工人不要走近钢架、架空电线周围 10 米以内区域。
2. 现场的最高机械上加装避雷针时，应有技术人员的指导。
3. 雨天尽量避免搭设脚手架、高空支模等作业，若因需要，应穿防滑鞋、戴布手套。
4. 雨天作业应注意防滑、防跌、防坠落。
5. 在施工现场比较固定的机电设备(对焊机、电锯、电刨等)搭设防雨棚或对电机加防护罩；不允许用塑料布包裹。
6. 对露天放置的大型机电设备要防雨、防潮，对其机械螺栓、轴承部分经常加油并转动以防锈蚀。
7. 各种机械的机电设备的电器开关，有防雨、防潮设施。
8. 5 级以上大风、大雨等恶劣天气，停止高空吊装作业。
9. 专职电工经常巡视电力线路，发现线路破损或老化及时替换，特别是拖地电线，防止雨天电力伤害。
10. 暴雨天气基坑内施工人员及施工机具及时撤出。
11. 大风、大雨等恶劣天气应及时停止露天电焊或气焊作业。
12. 剩余的材料按规定回收处理，不在现场焚烧、冲洗。
13. 充分利用天气预报，做好应付暴风雨等灾害性天气的准备。
14. 进入现场必须戴好安全帽，扣好帽带；并正确使用个人劳动防护用品。
15. 2 米以上的高处、悬空作业、无安全设施的，必须系好安全带、扣好保险钩。
16. 高处作业时，不准往下或向上乱抛材料和工具等物件。
17. 各种电动机械设备必须有可靠有效的安全接地和防雷装置，方能开动使用。
18. 不懂电气和机械的人员，严禁使用和玩弄机电设备。
19. 吊装区域非操作人员严禁入内，吊装机械必须完好，吊臂垂直下方不准站人。

续上表

<table>
<tr><td colspan="6">重点强调：
1. 雷雨时工人不要走近钢架、架空电线周围10米以内区域。
2. 暴雨天气基坑内施工人员及施工机具及时撤出。
3. 进入现场必须戴好安全帽，扣好帽带；并正确使用个人劳动防护用品。
4. 不懂电气和机械的人员，严禁使用和玩弄机电设备。
5. 各种机械的机电设备的电器开关，有防雨、防潮设施。</td></tr>
<tr><td>审核人</td><td></td><td>交底人</td><td></td><td>接受交底负责人</td><td></td></tr>
<tr><td colspan="6">作业班组全体签名：</td></tr>
</table>

夏(热)期施工安全交底

编号：

<table>
<tr><td>施工单位</td><td colspan="5"></td></tr>
<tr><td>工程名称</td><td colspan="5"></td></tr>
<tr><td>分部分项工程</td><td colspan="5"></td></tr>
<tr><td>工　　种</td><td colspan="5"></td></tr>
<tr><td colspan="6">交底内容：
一、主要危险源与危害因素
1. 气温 40℃以上时仍继续露天施工作业。
2. 易燃易爆物品处于暴晒的状态。
二、安全注意事项
1. 露天作业的人员根据气温变化合理安排作业计划和作业点，注意劳逸结合，保证有充分的休息和睡眠。
2. 在烈日下作业，应在技术人员的指定下搭设活动工棚，并在工作附近搭设休息棚。
3. 施工现场应配备防暑和常用药品，感觉身体不适，及时就医。
4. 食堂所有的餐具、炊具定期消毒，严禁购买腐烂、变质或者有毒食品。
5. 适当增加宿舍，调整室内空间，使每个宿舍保持通风，宿舍区安排专人负责，每天对宿舍区进行打扫，定期对每间宿舍进行消毒，保持室内清洁整齐。
6. 高温期间适当调整作息时间，抓两头放中间。
7. 气温达 35 ℃以上时，不得高处作业；38 ℃以上时，停止露天施工作业；40 ℃以上时，要停止施工作业。
8. 施工现场必须配备防暑急救药品，提供充足的降温饮料。
9. 特种设备的使用，操作手必须做到持证上岗。
10. 禁止将易燃易爆物品暴晒和高温，以免自燃自曝。</td></tr>
<tr><td colspan="6">重点强调：
1. 特种设备的使用，操作手必须做到持证上岗。
2. 禁止将易燃易爆物品暴晒和高温，以免自燃自曝。
3. 气温达 35 ℃以上时，不得高处作业；38 ℃以上时，停止露天施工作业；40 ℃以上时，要停止施工作业。</td></tr>
<tr><td>审核人</td><td></td><td>交底人</td><td></td><td>接受交底负责人</td><td></td></tr>
<tr><td colspan="6">作业班组全体签名：</td></tr>
</table>

冬期施工安全交底

编号：

施工单位	
工程名称	
分部分项工程	
工　　种	

交底内容：

一、主要危险源与危害因素

1. 登高作业人员未穿好防滑鞋、戴好防护手套等防滑、防冻措施。

2. 大风大雪等恶劣天气时，仍进行高处作业。

3. 在宿舍内使用电炉或采用明火取暖。

4. 酒后开车、无照驾驶、疲劳驾驶。

5. 临边作业未设置防护栏杆。

二、安全注意事项

1. 施工作业场所不得打闹，不得做与工作无关的任何事情，严禁酒后进入现场。

2. 没经过专项培训教育、安全交底的人员不得进行作业。

3. 操作人员必须正确使用个人防护用品。

4. 严禁在宿舍内使用电炉或采用明火取暖。

5. 下楼层不得攀爬架子，应走专用通道或楼梯。

6. 按要求戴好安全帽，任何人不得随意拆除挪动消防器材和安全防护设施。

7. 严禁抛扔任何材料、垃圾或使用工具。

8. 登高作业人员必须佩戴防滑鞋、防护手套等防滑、防冻措施，并按要求戴好安全帽、系好安全带。

9. 遇到大风大雪等恶劣天气时，应及时停止作业。

10. 生活区严禁使用电炉子、电热管、电炉子取暖和做饭，禁止使用电褥子取暖，暖气人走必须及时断电。

11. 易燃易爆品不得随意堆放，不得随意生火。

12. 脚手架、脚手板有冰雪积留时，施工前应清除干净。

13. 水箱存水，下班前应放尽。

14. 严格遵守施工现场临时用电安全要求，保证用电安全。

15. 应由专业电工负责安装、维护和管理用电设备，严禁其他人员随意拆、改装电气线路。

16. 严禁使用裸线，电缆线破皮三处以上不得投入使用，电缆线破皮处必须用防水、绝缘胶布处理，电缆线铺设要防砸、防碾压、防止电线冻结在冰雪之中。

17. 临边作业时，在技术人员的指导下设置防护栏杆。

续上表

<table>
<tr><td colspan="6">重点强调：
1. 严禁在宿舍内使用电炉或采用明火取暖。
2. 严禁抛扔任何材料、垃圾或工具。
3. 登高作业人员必须佩戴防滑鞋、防护手套等防滑、防冻措施，并按要求戴好安全帽、系好安全带。
4. 严格遵守施工现场临时用电安全要求，保证用电安全。
5. 大风大雪等恶劣天气时，应及时停止作业。</td></tr>
<tr><td>审核人</td><td></td><td>交底人</td><td></td><td>接受交底负责人</td><td></td></tr>
<tr><td colspan="6">作业班组全体签名：</td></tr>
</table>

2.4 潜水作业

潜水安全交底(通用)

编号：

施工单位	
工程名称	
分部分项工程	
工　　种	

交底内容：

一、主要危险源与危害因素

1. 潜水员未随时与指挥人员保持畅通联系。

2. 潜水员下潜之前未对相关设备进行检查。

3. 年满50周岁以上的人员仍进行水下作业。

4. 水域动态及水压变化超出潜水员承受能力。

5. 潜水员在水下时，工作船上没有应急潜水员、应急潜水装置。

6. 潜水员不完全清楚技术人员所交代的安全要求，就进行下潜作业。

7. 潜水员水下工作时解开信绳。

二、安全注意事项

1. 潜水员下潜时要保证身体各项体征满足相关要求，年满50周岁以上的人员不得进行水下作业。

2. 潜水作业前潜水员应掌握下潜任务、下潜环境、工作部位、水深、流速、流向等。

3. 潜水及加压前应对所要使用的潜水设备进行检查，确认良好后方可进行作业；下水后能够保证时刻与水面指挥人员联系。

4. 潜水作业点的规定区域水面上不得进行起吊作业、船只通过。

5. 水面有超过4级浪时，不得进行潜水作业；潜水员饮酒后不能进行水下作业。

6. 潜水员真正下潜作业之前要进行试潜，一旦遇到潜水衣漏水等情况，及时出水更换；下潜后，若下潜水域动态、水压变化过大，给潜水员遭成身体不适，要及时与指挥人员沟通出水。

7. 通风式重潜水作业时应注意：

(1)潜水员下潜或上升时，供气软管、信号绳、下潜导绳应分开。

(2)潜水员不得在杂乱杆件档内穿越；不得穿越隔梁进入其他井孔。

(3)检查或排除机动船推进器上的绞缠物时，看守人员在机房内应认真看守。

(4)水下作业面高低悬殊较大时，供气软管和信号绳应适量收紧。

(5)信号绳和供气软管放出、收回的速度，应与潜水员下潜或上升的速度保持一致。

8. 轻潜水作业时应注意：

(1)作业前应该确定潜水时间。

(2)深潜水时必要的潜水减压设备必须能正常使用。

续上表

<table>
<tr><td colspan="6">9. 水下作业点流速大于 1 米/秒时应注意：
(1)潜水员所佩戴的头盔面罩应加防护罩，压铅、潜水鞋、下潜导绳的坠砣应加重。
(2)潜水工作船应抛锚在潜水作业点上游。
(3)下潜员应使用安全带，套在下潜导绳上下潜或上升；在水底，不得抛开导向绳，应减少用气量，行走时应面向上游。
10. 水下作业时，潜水员不可以解开信绳。
11. 潜水水域有腐蚀、油污质时，潜水员要穿戴满足环境要求的特殊防护用具。
12. 潜水员一旦出现抽筋、头部不适时，千万不要慌乱。
13. 潜水员在水下时，工作船上的应急潜水员要随时待命，应急潜水装置要准备到位。
14. 水面上信绳、气管看守人员，每隔 5 分钟要检查下潜人员的供气量、气压、纯度等指标，定时询问潜水员的主观感觉，了解工作进展情况。
15. 潜水员呼吸用的气体，气源纯度要达到相关要求，供应的气体量每分钟不小于 80 升。</td></tr>
<tr><td colspan="6">重点强调：
1. 潜水员必须能够随时与指挥人员保持畅通联系。
2. 潜水员下潜之前必须对现场相关设备进行检查。
3. 年满 50 周岁以上的人员禁止进行水下作业。
4. 潜水员在水下时，工作船上必须有应急潜水员和应急潜水装置。
5. 潜水员水下工作时严禁解开信绳。</td></tr>
<tr><td>审核人</td><td></td><td>交底人</td><td></td><td>接受交底
负责人</td><td></td></tr>
<tr><td colspan="6">作业班组全体签名：</td></tr>
</table>

特殊环境(夜间、炎热、寒冷、4级以上浪)潜水安全交底

编号：

施工单位	
工程名称	
分部分项工程	
工　　种	

交底内容：

一、主要危险源与危害因素

1. 夜间潜水作业时，照明不良。

2. 炎热环境潜水前未检查储气筒是否充满压缩空气。

3. 炎热环境潜水作业时，在沉井或管柱内潜水，没有相应的通风设备。

4. 寒冷环境潜水前供气管路未使用压缩空气吹通几分钟，接头部位未用棉垫包裹。

5. 供气软管、信号绳与断冰接触处未采取防止磨损或割断的有效措施。

6. 潜水员行走的厚冰面、潜水梯的横撑，没有布设防滑的措施。

7. 水面有超过4级浪时，潜水员仍然进行潜水作业。

二、安全注意事项

1. 夜间潜水作业时，除潜水工作船、潜水平台有照明外，还应安装满足施工要求的照明灯具照在潜水点的水面上。

2. 夜间进行潜水作业，水面施工人员的工作应特别慎重细心，精力集中。

3. 夜间进行潜水作业，下潜作业人员必须携带水下照明设备。

4. 夜间进行潜水作业，水面施工人员应在聚光灯下，自始至终观察潜水员排出的气泡。

5. 炎热环境潜水作业时，潜水前应将储气筒充满压缩空气，储气筒上面应安装冷水管降温，待压缩空气冷却后再使用或用冷气泵供气；在沉井或管柱内潜水，应有通风设备。

6. 炎热环境潜水作业时，认真检查胶管有无老化变质、接头是否牢固，整条胶管不得漏气。

7. 寒冷环境潜水作业时，潜水前和潜水后应用压缩空气吹除潜水软管内的积水，潜水头盔或面罩应使用淡水冲洗后置于暖室内。

8. 寒冷环境潜水作业时，潜水前供气管路应用压缩空气吹通几分钟，接头部位用棉垫包裹。

9. 水面有浮冰时，供气软管、信号绳与断冰接触处应有防止磨损或割断的措施。

10. 寒冷环境潜水作业时，下潜人员应穿着保暖服，使用保暖手套，出水后应该用温水暖手，切忌用过热的水暖手。

11. 寒冷环境潜水作业时，当潜水员感到呼吸困难，气量不够时，说明管腔内积水，可能冻结，下潜人员要停止工作上升出水。

12. 潜水梯的横撑、潜水员行走的路面或厚冰上，应有防滑的措施。

13. 水面有超过4级浪(浪高超过2.5米)时，不得进行潜水作业。

续上表

重点强调： 1. 夜间潜水作业时，不仅潜水工作船、潜水平台有照明外，也必须安装照明度较大的灯具照在潜水点的水面上。 2. 寒冷环境潜水作业时，潜水前供气管路必须使用压缩空气吹通几分钟，接头部位应该用棉垫包裹。 3. 寒冷环境潜水作业时，遇到水面有浮冰时，供气软管、信号绳与断冰接触处必须有防止磨损或割断的措施。 4. 寒冷环境潜水作业时，潜水梯的横撑、潜水员行走的路面或厚冰上，应布设防滑的措施。 5. 水面有超过 4 级浪时，潜水员禁止进行潜水作业。					
审核人		交底人		接受交底负责人	
作业班组全体签名：					

特殊场所(水库中、沉井内、围堰内)潜水安全交底

编号：

施工单位	
工程名称	
分部分项工程	
工　　种	

交底内容：

一、主要危险源与危害因素

1. 水库中潜水施工时，看守闸门人员擅自离开岗位。

2. 在潜水员未出水之前，开启闸门。

3. 沉井内壁有钢筋、扒钉头、铁钉头等外露。

4. 潜水员进行潜水作业时穿越邻孔。

5. 用手和脚去探摸吸泥机头部或骑在吸泥机弯头上。

6. 在进行潜水作业时，井内及其附近同时进行起重吊装作业。

7. 潜水作业时，应急潜水员擅自离开岗位。

二、安全注意事项

1. 水库潜水作业前潜水员应掌握下潜任务、下潜环境、工作部位、水深等，并严格执行有关的安全操作规定。

2. 水库潜水作业前，有关人员应对潜水设备进行检查，确认良好后潜水员方可进行作业。

3. 发现水库底部较滑或者不平整时要降低行走步伐。

4. 在水库中潜水作业时所派的专人看严守闸门点，在潜水员未出水之前，不得擅自离守岗位和开启闸门。

5. 围堰施工时，作业人员要对围堰变形、渗水和冲刷等情况进行观测，发现问题及时报告技术人员。

6. 井内水位应高于沉井外的水位，多孔沉井各孔内的水位应一致。

7. 井内壁不得有钢筋、扒钉头、铁钉头等外露；严禁潜水员穿越邻孔。

8. 井内吸泥清基，由潜水电话员指挥看守吸泥机和高压射水枪的闸阀的施工人员。

9. 潜水员用手扶持吸泥机作业时，严禁用手和脚去探摸吸泥机头部或骑在吸泥机弯头上。

10. 潜水作业时，井内及相关区域内不得同时进行起吊作业。

11. 潜水员在水下时，工作船上的应急潜水员要随时待命。

续上表

<table>
<tr><td colspan="6">重点强调：
1. 在潜水员未出水之前，任何人不得开启闸门。
2. 下井前沉井内壁不得有钢筋、扒钉头、铁钉头等外露。
3. 潜水员进行潜水作业时严禁穿越邻孔。
4. 井内潜水作业时，不得同时进行起重吊装作业。
5. 潜水作业时，备用潜水员严禁擅自离开。</td></tr>
<tr><td>审核人</td><td></td><td>交底人</td><td></td><td>接受交底负责人</td><td></td></tr>
<tr><td colspan="6">作业班组全体签名：</td></tr>
</table>

水下作业(起吊、焊割、爆破)安全交底

编号：

施工单位	
工程名称	
分部分项工程	
工　　种	

交底内容：

一、主要危险源与危害因素

1. 不熟悉被起吊物件的结构。

2. 在起吊时，未将物件拴牢。

3. 潜水员出水前，进行起吊。

4. 潜水员在所打捞的沉船、钢结构、圆筒等物件内穿行。

5. 潜水员在水中悬浮不定的物体上施工。

6. 水面看管电源的施工人员擅自离开岗位。

7. 爆破人员违规操作。

8. 装运炸药、雷管等易爆材料的船只不符合安全要求。

9. 潜水员未到达安全区域，就进行爆破工作。

二、安全注意事项

1. 水下起吊作业前，施工人员要熟悉所吊物件的结构，以及该物件的打捞方案。

2. 水下起吊作业前潜水员应将沉没物件拴牢，待潜水员上升出水后，方可起吊出水。

3. 水下起吊作业前打捞沉船、钢结构、圆筒等物件时，严禁潜水员在沉船、钢架、圆筒内穿行。

4. 潜水员不得在悬浮水中的物体上工作，不得从悬空物件和锚链下穿越。

5. 水下焊割施工时，施工人员要熟练掌握焊割技术和作业要领。

6. 电焊钳、割刀把、电缆等必须绝缘，头盔外面和领盘应涂一层绝缘漆或包裹一层薄橡皮。

7. 电氧切割时，应先引弧，后开氧气；关闭时先关电源，再停氧气。

8. 下潜人员应严防焊(割)条和焊(割)把触及头盔或面罩。

9. 看守人员必须严格掌握电闸刀的开关，未接到下潜人员的口令，严禁接通或断开电源，接到下潜人员“开电”的口令时，应立即合上电闸刀并重复口令，接到潜水人员“停电”的口令时，应立即打开电闸刀，再重复口令；严禁擅自离岗。

10. 除潜水员在水下进行焊接或切割作业时间外，其他时间必须关闭电源。

11. 水下爆破作业应注意：

(1)装炸药时禁止使用电话。

(2)同一起爆中，不得使用不同型号的雷管。

(3)炸药包密封后，潜水员应将炸药包随身带入水下，不得用绳传递。

续上表

<table>
<tr><td colspan="6">(4)炸药放置时，应从上游到下游，从深水到浅水，严防与导爆线纠缠。
(5)发生“瞎炮”时应切断电源，15 分钟后再下潜取出。
12. 必须使用专业船只运输易燃易爆物品。
13. 起爆前，要确保潜水员已到达安全区域。</td></tr>
<tr><td colspan="6">重点强调：
1. 潜水员未到达安全区域之前，严禁起吊物件。
2. 打捞沉船、钢结构、圆筒等物件时，潜水员严禁在沉船、钢架、圆筒内穿行。
3. 水面看管电焊机电源开关的施工人员严禁擅自离开岗位。
4. 参加水下爆破的作业人员，严禁违规操作。
5. 严禁用非专业船只装运炸药、雷管等易爆材料。
6. 潜水员到达安全区域前，严禁爆破工作。</td></tr>
<tr><td>审核人</td><td></td><td>交底人</td><td></td><td>接受交底
负责人</td><td></td></tr>
<tr><td colspan="6">作业班组全体签名：</td></tr>
</table>

第3章　特种设备作业

3.1　工程船舶

起重船作业安全交底

编号：

施工单位	
工程名称	
分部分项工程	
工　　种	

交底内容：

一、主要危险源与危害因素

1. 未及时安装安全设备。

2. 站在缆绳圈内或跨住缆绳。

3. 作业时没戴安全帽，穿拖鞋，赤膊操作。

4. 起重机作业时，站在起重机作业范围内。

5. 在船舱内吸烟，乱丢烟头。

6. 大雨、大雾及风力6级以上(含6级)等恶劣天气时，仍继续作业。

二、安全注意事项

1. 操作时应穿工作服，戴安全帽和防护手套，不准穿拖鞋、赤脚、赤膊操作。

2. 施工中，甲板值班人员应注意周围水域船舶动态，防止过往船舶或者靠离的辅助船舶的螺旋桨打到施工锚缆。

3. 起重机工作时，禁止站在其作业半径范围内。

4. 大雾、大雪、暴风(含6级)雨等恶劣天气时，应及时停止作业。

5. 夜间必须在有充分照明的范围内进行作业。

6. 机舱内严禁烟火，其他地点的烟灰缸内应注水。

7. 高处作业、舷外作业人员工作前，对安全带、系绳坐板、跳板、绳结等用具，应再次进行检查，确认牢固有效。

8. 应在技术人员的指导下及时安装安全设备。

9. 禁止站在缆绳圈内或跨住缆绳。

10. 作业人员应持证上岗。

续上表

<table>
<tr><td colspan="6">重点强调：
1. 作业人员应持证上岗。
2. 作业人员防护用品齐全、可靠。
3. 大雾、大雪、暴风雨等恶劣天气时，应及时停止作业。
4. 高处作业人员应戴安全帽，穿软底胶鞋，穿连体工作服作业。
5. 机舱内严禁烟火，其他地点的烟灰缸内应注水，禁止乱丢烟头。</td></tr>
<tr><td>审核人</td><td></td><td>交底人</td><td></td><td>接受交底
负责人</td><td></td></tr>
<tr><td colspan="6">作业班组全体签名：</td></tr>
</table>

打桩船作业安全交底

编号：

施工单位	
工程名称	
分部分项工程	
工　　种	

交底内容：

一、主要危险源与危害因素

1. 作业区无明显标志，未禁止非工作人员进入作业区。

2. 打桩作业组装时把手指伸入螺孔。

3. 打桩机在吊有桩锤的情况下操作人员离开岗位。

4. 起吊后人员在桩底下通过。

5. 大雨、大雾及风力 6 级以上(含 6 级)等恶劣天气时，仍继续作业。

二、安全注意事项

1. 大雾、大雪、暴风雨等恶劣天气时，应及时停止作业。

2. 打桩操作人员必须持证上岗，正确熟练使用个体防护装备。

3. 所有从事高处作业的人员，身体条件必须适合高处作业的人员要求。

4. 操作人员不得随意攀爬桩架。

5. 操作过程中，所有参与人员对口令和手势不明确时严禁操作，待确认后方可执行。

6. 吊桩过程中，运桩船船位、锚位发现不合理时应及时报告。

7. 禁止上桩锤/替打，摘钩人员必须及时有效躲避。

8. 高处作业人员应戴安全帽，穿软底胶鞋，穿连体工作服作业。

9. 机舱内严禁烟火，其他地点的烟灰缸内应注水，禁止乱丢烟头。

10. 夜间工作时，作业周围和起重机上应在有充分照明的情况下进行。

11. 施工中，甲板值班人员应注意周围水域船舶动态，防止过往船舶或者靠离的辅助船舶的螺旋桨打到施工锚缆。

12. 打桩船工作时，禁止作业人员通过桩旁。

13. 打桩作业组装时禁止将手指伸入螺孔。

14. 作业区域应设置警示标志。

15. 打桩机在吊有桩锤的情况下操作人员不得私自离开岗位。

续上表

重点强调：

1. 作业人员具备持证上岗。
2. 高处作业人员应戴安全帽，穿软底胶鞋，穿连体工作服作业。
3. 机舱内严禁烟火，其他地点的烟灰缸内应注水，禁止乱丢烟头。
4. 操作人员不得随意攀爬桩架。
5. 大雨、大雾及风力 6 级以上（含 6 级）等恶劣天气时，应该及时停止作业。

审核人		交底人		接受交底负责人	

作业班组全体签名：

混凝土搅拌船安全交底

编号：

施工单位	
工程名称	
分部分项工程	
工　　种	

交底内容：

一、主要危险源与危害因素

1. 搅拌船运转时，操作人员违章操作。
2. 高空作业没有系好安全带，戴好安全帽。
3. 在船舱内吸烟，乱丢烟头。
4. 大雨、大雾及风力 6 级以上(含 6 级)等恶劣天气时，仍继续作业。
5. 作业区无明显标志，非工作人员进入。

二、安全注意事项

1. 进入施工现场的所有人员，必须佩戴好安全帽。
2. 不得超载、超重、超压、超速使用机械，不得擅离工作岗位。
3. 特种作业人员必须持证上岗，严禁无证人员动用任何机械设备。
4. 操作人员应听从指挥，正确操作机械。
5. 从事危险作业的区域，应在安全人员的指导下设置危险标志和采取安全措施。
6. 使用手提电动机具时，必须戴绝缘手套，穿绝缘鞋。
7. 作业前必须对机械设备的安全装置及灵敏程度进行检查，严禁设备带病作业。
8. 一切用电设施必须安全接地，并通过漏电保护装置。
9. 高空作业必须系安全带。
10. 严禁在高空抛落各种材料、工具。
11. 禁止在“严禁烟火”区内吸烟。爱护消防器材，不得随意挪用。
12. 要严格执行劳动纪律，不准私自动用机械设备。
13. 大雨、大雾及风力 6 级以上(含 6 级)等恶劣天气时，应及时停止作业。

重点强调：

1. 机械使用中不准违章作业。
2. 一切用电设施必须安全接地，并通过漏电保护装置。
3. 搅拌船操作人员要听从指挥，确保安全，保证作业质量。
4. 机械操作人员要持证上岗，机械设备要专人保管。
5. 要严格执行劳动纪律，不准私自动用机械设备。
6. 禁止在“严禁烟火”区内吸烟。爱护消防器材，不得随意挪用。

审核人		交底人		接受交底负责人	

作业班组全体签名：

拖轮作业安全交底

编号：

施工单位	
工程名称	
分部分项工程	
工　　种	

交底内容：

一、主要危险源与危害因素

1. 倒车时未减速。
2. 当船舶加速时，长时间在“共振区”内运转。
3. 大风浪航行时，不降低转数。

二、安全注意事项

1. 备车完毕，驾驶台接到机舱回令信号“车已备妥”或“运转”方可进入运行状态。
2. 操纵船舶由“静到动”正车或倒车时，一定要缓慢用车，不可突然增减油门。
3. 船舶启动后到正常航速前应先缓慢微速航行一段时间。
4. 当船舶加速时，要迅速通过“共振区”，严禁在“共振区”内运转。
5. 主机在夏季有5～10分钟，寒冷季节有10分钟以上的低负荷预热时间。
6. 机械操作人员必须持证上岗。
7. 动船结束时，以车钟信号通知机舱当值人员完车。
8. 大风浪航行时，应适时适当降低转数，防止桨叶打空，造成飞车。
9. 冰区航行时，要根据冰情控制转数，当遇到较厚冰层时，主机转数下降，此时增加油门加大转速时要酌情进行，防止主机超负荷运转。
10. 应急情况下倒车：在减速的同时可直接操作手柄拉向倒车位置。
11. 接近大船时要谨慎控制船速，以免因船速不当发生碰撞。
12. 顶拖作业时，应按作业要求操作，尽量避免油门的骤增骤减。

重点强调：

1. 当船舶加速时，要迅速通过“共振区”，严禁在“共振区”内运转。
2. 应急情况下倒车：在减速的同时可直接操作手柄拉向倒车位置。
3. 大风浪航行时，应适时适当降低转数，防止桨叶打空，造成飞车。
4. 驾驶员操作主机油门，操纵船舶由“静到动”正车或倒车时，一定要缓慢用车。

审核人		交底人		接受交底负责人	

作业班组全体签名：

挖泥船作业安全交底

编号：

施工单位	
工程名称	
分部分项工程	
工　　种	

交底内容：

一、主要危险源与危害因素

1. 大雨、大雾及风力 6 级以上（含 6 级）等恶劣天气时，仍继续作业。

2. 移船绞锚时，缆绳、导缆牙口周围站人。

3. 作业人员在施工期间游泳。

4. 施工挖泥时，吊杆、泥斗下面站人。

5. 作业人员穿拖鞋、赤膊进行施工作业。

二、安全注意事项

1. 所有船员必须持证上岗，严禁无证人员进行挖泥作业。

2. 所有工作人员要严格遵守有关工程船舶运行及挖泥作业的各项规章制度。

3. 挖泥船必须根据施工水域流向、流速进行抛锚，并且设立警示锚球。

4. 挖泥作业前，挖泥船必须悬挂施工信号，注意瞭望过往船只，防止发生危险事故。

5. 移船绞锚时，缆绳、导缆牙口周围禁止站人。

6. 水上作业必须保证每人一件救生衣，并按要求佩戴，严禁单独作业。

7. 乘坐交通艇不得超过额定人数，航行过程中不得探身船外洗脸、洗脚，不准打闹嬉戏，待船停稳后才能上落。

8. 夜间作业施工时必须在有足够灯光照明的情况下。

9. 所有施工人员严禁在施工期间游泳。

10. 船员在航行中及停泊接班前 4 小时内不准饮酒，严禁酗酒。

11. 施工挖泥时，吊杆、泥斗下面不准站人。

12. 时常警告小船艇，不准在泥斗下通过。

13. 移船时应注视锚缆，严禁小船艇在缆索附近停泊和通过。

14. 挖泥作业前，甲板或船舱内可移动的物品应加以固定。

15. 泥驳靠泊和移位过程中，绞、松缆要注意平均，以防断缆伤人。

16. 使用人力绞车操作时，操作人员要互相呼应，并听从指挥。

17. 值班人员应经常巡视泥驳的系缆及装载平衡情况，及时纠正系缆松紧及装载平衡。

18. 大雨、大雾及风力 6 级以上（含 6 级）等恶劣天气时，应及时停止作业。

19. 施工垃圾、生活垃圾必须及时清除，严禁倾倒到施工海域。

20. 船舶油污严禁直接倾倒入海域，要求采用桶装拉上岸统一处理。

21. 施工人员禁止穿拖鞋、赤膊进入现场。

续上表

<table>
<tr><td colspan="6">重点强调：
1. 所有船员必须持证上岗，严禁无证人员进行挖泥作业。
2. 所有施工人员严禁在施工期间游泳。
3. 施工挖泥时，吊杆、泥斗下面不准站人。
4. 施工人员禁止穿拖鞋、赤膊进入现场。</td></tr>
<tr><td>审核人</td><td></td><td>交底人</td><td></td><td>接受交底负责人</td><td></td></tr>
<tr><td colspan="6">作业班组全体签名：</td></tr>
</table>

工程驳船作业安全交底

编号：

施工单位	
工程名称	
分部分项工程	
工　　种	

交底内容：

一、主要危险源与危害因素

1. 站在缆绳圈内或跨住缆绳。
2. 在船上吸烟，乱丢烟头。
3. 私拉私接电线。
4. 非机械操作人员随意操作机械。

二、安全注意事项

1. 严禁烟火，禁止乱丢烟头。爱护消防器材，不得随意挪用。
2. 夜间必须在有充分照明的范围内进行作业。
3. 不得超载、超重、超压、超速使用机械，不得擅离工作岗位。
4. 特种作业人员必须持证上岗，严禁无证人员动用任何机械设备。
5. 从事危险作业的区域，应在技术人员的指导下设置警示标志和安装安全设施。
6. 要严格执行劳动纪律，不准私自动用机械设备。
7. 进行作业时，严禁单独作业。
8. 严禁任何人员在施工期间游泳。
9. 船员在航行中及停泊接班前 4 小时内不准饮酒，严禁酗酒。
10. 施工垃圾、生活垃圾必须及时清除，严禁倾倒到施工海域。
11. 施工人员禁止穿拖鞋、赤膊进入现场。
12. 在甲板施工中，应穿好防滑防砸的工作鞋，严禁穿硬底鞋。
13. 禁止私拉私接电线。
14. 严禁乱扔乱丢烟头。
15. 严禁站在缆绳圈内或跨住缆绳。

重点强调：

1. 严禁烟火，禁止乱丢烟头；不得随意挪用消防器材。
2. 夜间必须在有充分照明的范围内进行作业。
3. 特种作业人员必须持证上岗，严禁无证人员动用任何机械设备。
4. 所有施工人员严禁在施工期间游泳。

审核人		交底人		接受交底负责人	

作业班组全体签名：

3.2　制架梁特种设备

架桥机施工安全交底

编号：

施工单位	
工程名称	
分部分项工程	
工　　种	

交底内容：

一、主要危险源与危害因素

1. 进入安装现场时，未戴好安全帽及其他防护用品。
2. 无证人员私自操作架桥机。
3. 架桥机吊架超过该机定额起重量的重物。
4. 空中运行时吊钩的高度低于人的高度。
5. 司机和工作人员离开时，吊钩上悬挂重物。
6. 桥面临空处未设护栏、安全网保护。

二、安全注意事项

1. 进入安装现场时，须佩戴好安全帽及其他防护用品。
2. 安装现场，严禁闲杂人员入内。
3. 架桥机操作人员需持证上岗，严禁无证人员私自操作。
4. 专人负责安装，负责统一协调，不得擅自安装。
5. 不得吊运超过起重机定额起重量的重物。
6. 空中运行时吊钩的高度不得低于人的高度。
7. 严禁用吊钩斜拉重物和地埋重物。
8. 不得利用电动机的突然反向旋转作为运行机构的制动。
9. 禁止利用限位开关作为正常操作的停电。
10. 架桥机在每次启动前必须先出示警报信号，听从指示。
11. 在吊装接近额定荷载的桥梁时，应先看制动器是否能刹住车。
12. 司机和工作人员离开时，吊钩上下不准悬挂物，各控制手柄扳到零位，切断电源。
13. 桥面临空处应设护栏、安全网进行保护。
14. 尽量避免夜间架梁。

续上表

<table>
<tr><td colspan="6">重点强调：
1. 架桥机操作人员需持证上岗，严禁无证人员私自操作。
2. 严禁吊架超过该机定额起重量的重物。
3. 空中运行时吊钩的高度不得低于人的高度。
4. 架桥机在每次启动前必须先出示警报信号，听从指示。</td></tr>
<tr><td>审核人</td><td></td><td>交底人</td><td></td><td>接受交底负责人</td><td></td></tr>
<tr><td colspan="6">作业班组全体签名：</td></tr>
</table>

挂篮施工安全交底

编号：

<table>
<tr><td>施工单位</td><td colspan="5"></td></tr>
<tr><td>工程名称</td><td colspan="5"></td></tr>
<tr><td>分部分项工程</td><td colspan="5"></td></tr>
<tr><td>工　种</td><td colspan="5"></td></tr>
<tr><td colspan="6">交底内容：
一、主要危险源与危害因素
1. 违章操作机械设备。
2. 材料随便堆积，工具随手乱放，上下抛投物件及工具。
3. 在雷、雨、大风（风力大于等于 6 级）等恶劣天气时，仍进行挂篮施工作业。
二、安全注意事项
1. 参加挂篮作业的人员必须身体健康，有恐高症、心脏病和酒后人员不得参加作业。
2. 应保证施工环境整洁，各种材料堆放要整齐，地面不应有油渍，以免滑倒。
3. 在用电方面要严格要求不得乱接乱拉。
4. 在雷、雨、大风（风力大于等于六级）等恶劣天气时，不得进行挂篮施工作业。
5. 组合构件应先焊接成形，然后组装。
6. 根据现场施工情况，在技术人员指导下增设施工通道和工作平台。
7. 材料应堆放整齐，工具随时入袋，不上下抛投物件及工具。
8. 构件吊装时应拴好溜绳，起重臂下禁止站人，禁止无关人员进入作业半径内。
9. 严禁违章操作机械设备及冒险作业。
10. 风级大于 6 级时，人员应离开挂篮，并在技术人员指导下做好加固安全工作。
11. 进入安装现场时，须佩戴安全帽，戴好安全带及其他防护用品。</td></tr>
<tr><td colspan="6">重点强调：
1. 起重臂下禁止站人。
2. 进入安装现场时，须佩戴安全帽，戴好安全带及其他防护用品。
3. 在用电方面要严格要求不得乱接乱拉。
4. 材料应堆放整齐，工具随时入袋，不上下抛投物件及工具。
5. 在雷雨、大风（风力大于等于 6 级）等恶劣天气时，不得进行挂篮施工作业。</td></tr>
<tr><td>审核人</td><td></td><td>交底人</td><td></td><td>接受交底
负责人</td><td></td></tr>
<tr><td colspan="6">作业班组全体签名：</td></tr>
</table>

3.3　桥墩专用特种设备

翻模施工安全交底

编号：

施工单位	
工程名称	
分部分项工程	
工　　种	

交底内容：

一、主要危险源与危害因素

1. 材料随便堆积；工具随手乱放；上下抛投物件及工具。
2. 高空作业未戴好安全帽，系好安全带。
3. 在雷、雨、大风（风力大于等于 6 级）等恶劣天气时仍进行作业。
4. 躺在走道板上或安全网内休息。
5. 危险区内逗留或通过。

二、安全注意事项

1. 进入施工现场必须正确佩戴安全帽。
2. 危险区内严禁人员逗留或通过。
3. 钢管外架必须连成整体。
4. 施工用材料、工具不得摆放在作业平台边缘。
5. 高处作业人员应配工具袋，较大的工具应系保险绳；传递物品时，严禁抛掷。
6. 作业平台上的垃圾、废料应及时清理。
7. 定期清理安全网内的杂物，严禁在吊物下方接物或逗留。
8. 机械设备操作人员严禁违章操作。
9. 缺少安全装置或安全装置已失效的机械设备禁止使用。
10. 发现机械设备有漏保、失修或超载带病运转等情况时，应立即停止其使用。
11. 在雷、雨、大风（风力大于等于 6 级）等恶劣天气时应及时停止作业。
12. 机械操作人员不得擅自离开工作岗位或将机械交给非本机操作人员操作。
13. 严禁无关人员进入作业区和操作室。
14. 禁止骑坐在栏杆上，躺在走道板上或安全网内休息。

续上表

<table>
<tr><td colspan="6">重点强调：
1. 严禁无关人员进入作业区和操作室。
2. 危险区内严禁人员逗留或通过。
3. 进入施工现场必须正确佩戴安全帽。
4. 不得骑坐在栏杆上，不得躺在走道板上或安全网内休息。</td></tr>
<tr><td>审核人</td><td></td><td>交底人</td><td></td><td>接受交底
负责人</td><td></td></tr>
<tr><td colspan="6">作业班组全体签名：</td></tr>
</table>

爬模施工安全交底

编号：

施工单位	
工程名称	
分部分项工程	
工　　种	

交底内容：

一、主要危险源与危害因素

1. 有坠落可能的物件，未先行撤除或加以固定。

2. 大雨及风力6级以上(含6级)等恶劣天气时仍进行作业。

3. 不用的工具随手放置或抛掷传递物件。

4. 高空作业没戴好安全帽，系好安全带。

二、安全注意事项

1. 现场施工人员，要自觉遵守施工现场的各种安全规程制度。

2. 进入施工现场，必须戴好安全帽，高处作业必须系好安全带。

3. 严禁私拉私接电线。

4. 认真做好班前班后的交接工作，有权拒绝违章指挥、违章作业的指令。

5. 在施工过程中，要注意对爬模架各部件的保护工作。

6. 拆除爬架、爬模要由专人进行，严格按照所规定的拆除程序进行。

7. 严禁操作人员随模板起落。

8. 有窗口的爬架拆除时，操作人员不得进入爬架内，只许在室内拆除螺栓。

9. 无窗口的爬架进入爬架内拆除螺栓，严禁人员随爬架吊运。

10. 进行拆模架的工作时，附近和下面应设安全警戒线。

11. 不用的工具禁止随手放置或抛掷传递物件。

12. 严禁酒后作业，不准带小孩进入施工现场。

13. 大雨及风力6级以上(含6级)等恶劣天气时应及时停止作业。

14. 为安全施工在技术人员的指导下设置防护栏，安全网不得损坏。

15. 不准随意翻爬塔吊，严禁在架上嬉戏、谩骂或摔打。

16. 不懂机械不准乱开乱动。非特种人员不得进行特种作业，并有权拒绝施工。

17. 严禁非机、电人员操作机电。

续上表

<table>
<tr><td colspan="6">重点强调：
1. 进入安装现场时，须佩戴安全帽，戴好安全带及其他防护用品。
2. 在用电方面要严格要求不得乱接乱拉，严防发生触电事故。
3. 在雷雨、大风(风力大于等于 6 级)等恶劣天气时，不得进行施工作业。</td></tr>
<tr><td>审核人</td><td></td><td>交底人</td><td></td><td>接受交底负责人</td><td></td></tr>
<tr><td colspan="6">作业班组全体签名：</td></tr>
</table>

滑模施工安全交底

编号：

施工单位	
工程名称	
分部分项工程	
工　　种	

交底内容：

一、主要危险源与危害因素

1. 在吊脚对筒仓进行收光时，没有戴好安全帽和系好安全带。
2. 平台钢筋等杂物随意摆放。
3. 非电工工作人员私拉私接电线。
4. 大雨及风力6级以上（含6级）等恶劣天气时仍进行作业。

二、安全注意事项

1. 必须注意施工过程中结构的稳定和安全。
2. 滑模施工中，应严格按施工设计要求分散堆放材料，不得私自乱堆乱放。
3. 必须服从统一指挥，不得擅自操作液压设备和机械设备。
4. 大雨及风力6级以上（含6级）等恶劣天气时应及时停止作业。
5. 非电工工作人员不得私拉私接电线。
6. 凡患有高血压、心脏病及医生认为不适于高空作业者，不得参加滑模施工。
7. 滑模在提升时，应统服从统一指挥，升高时出现不正常情况时，应立即停止滑升。
8. 滑模平台在提升前应对全部设备装置进行检查，调试妥善后方可使用。
9. 平台内，外吊脚手架使用前，应一律安装好轻质牢固的安全网。
10. 施工作业场所不得打闹，不得做与工作无关的任何事情，严禁酒后进入现场。
11. 登高作业人员必须戴好安全帽、系好安全带。
12. 严禁高空抛扔任何材料、垃圾或使用工具。
13. 为方便平台下吊架，在平台内外开一个小口，小口应做好标识。
14. 在吊脚对筒仓进行收光时，必须戴好安全帽、系好安全带。

重点强调：

1. 严禁高空抛扔任何材料、垃圾或使用工具。
2. 在吊脚对筒仓进行收光时，必须戴好安全帽、系好安全带。
3. 必须服从统一指挥，不得擅自操作液压设备和机械设备。
4. 为方便平台下吊架，在平台内外开一个小口，小口应做好标识。

审核人		交底人		接受交底负责人	

作业班组全体签名：

第4章　桥梁基础与墩台施工

4.1　围堰施工

筑岛、围堰施工安全交底

编号：

施工单位	
工程名称	
分部分项工程	
工　　种	

交底内容：

一、主要危险源与危害因素

1. 在围堰内作业，遇有洪水或流冰，没有及时撤离。

2. 所有操作人员没有严格执行有关"操作规程"。

3. 施工中所有机器操作人员和配合工种随意离开岗位。

4. 机械设备操作员无证上岗。

5. 潜水泵等水下设备没有安全保险装置。

6. 围堰下部没有设黏土袋支护。

7. 基坑支撑拆除时，作业人员私自进行。

8. 作业区船舶进入。

二、安全注意事项

1. 吸泥船吹砂筑岛时，作业区内严禁船舶进入；承载吸泥管道的浮筒上不得行人。

2. 挖基工程所设置的各种围堰和基坑支撑，其结构必须坚固牢靠。基础施工中，挖土、吊运、浇筑混凝土等作业，严禁碰撞支撑，并不得在支撑上放置重物。施工中发现围堰、支撑有松动、变形等情况时，应及时加固；当危及作业人员自身安全时应立即撤出。

3. 基坑较深时，四周应悬挂人员上下扶梯。

4. 基坑支撑拆除应在技术人员指导下进行。拆除支撑应与基坑回填相互配合进行。有引起坑壁坍塌危险时，必须在技术人员指导下采取安全措施。

5. 在围堰内作业，遇有洪水或流冰，作业人员应立即撤出。

6. 吊放钢管桩，应在技术员指导下调整钢管桩中心偏差和倾斜度，符合要求后钢管整体下插。

7. 围堰下部设黏土袋支护，防止塌方。

续上表

<table>
<tr><td colspan="6">8. 潜水泵等水下设备应有安全保险装置,严防漏电。
9. 围堰施工过程中,应加强对其变形、渗水和冲刷情况的观察,发现异常时,应在技术人员指导下及时处理。
10. 施工中所有机器操作人员和配合工种不得随意离开岗位。
11. 机械设备操作员不得无证上岗。</td></tr>
<tr><td colspan="6">重点强调:
1. 围堰下部设黏土袋支护,防止塌方。
2. 潜水泵等水下设备应有安全保险装置严防漏电。
3. 施工中所有机器操作人员和配合工种不得随意离开岗位。</td></tr>
<tr><td>审核人</td><td></td><td>交底人</td><td></td><td>接受交底负责人</td><td></td></tr>
<tr><td colspan="6">作业班组全体签名:</td></tr>
</table>

钢板桩及钢筋混凝土板桩围堰施工安全交底

编号：

施工单位	
工程名称	
分部分项工程	
工　　种	

交底内容：

一、主要危险源与危害因素

1. 打桩机和卷扬机没有设专人操作。

2. 潜水泵等水下设备没有安全保险装置。

3. 拔桩时，从上游向下游进行。

4. 插打钢板桩时，从下游向上游插打。

5. 插打钢板桩围堰前，没有对打桩机具进行全面检查。

6. 吊起的钢板桩未就位前，插桩桩位处站人。

7. 插打钢板桩（包括钢筋混凝土板桩）围堰前没有对打桩机、卷扬机及其配套机具设备、绳索等进行全面检查。

8. 钢板桩起吊没有听从信号指挥。

二、安全注意事项

1. 插打钢板桩（包括钢筋混凝土板桩，以下同）围堰前，应对打桩机具进行全面检查。

2. 钢板被起吊前，钢板桩凹槽部位应清扫干净，锁口应先进行修整或试插；组拼的钢板桩组件，应采用坚固的夹具夹牢，不得将吊具拴在钢板桩夹具上。钢板桩吊环的焊接应由专人检查，必要时应进行试吊。

3. 打桩机和卷扬机应设专人操作。钢板被起吊，应听从信号指挥。作业时，应在钢板桩上挂好溜绳，防止起吊后急剧摆动。吊起的钢板桩未就位前桩位附近不得站人。

4. 钢板桩插进锁口后，因锁口阻力不能插放到位而需桩锤压插时，应采用卷扬机钢丝绳控制桩锤下落行程，防止桩锤随钢板桩突然下滑。

5. 插打钢板桩，如因吊机高度不足，可向下移动吊点位置，但吊点不得低于桩顶下 1/3 桩长的位置。

6. 钢板桩在锤击下沉时，初始阶段应轻打。桩帽（垫）变形时应及时更换。

7. 插打钢板桩宜插桩到全部合拢，然后再分段、分次打到标高。（插桩顺序：在无潮汐河流一般是从上游中间开始分两侧对称插打至下游合拢；在潮汐河流，有两个流向的关系，为减少水流阻力，可采取从侧面开始，向上、下游插打，在另一侧合拢。插打钢板桩时，如因吊机高度不足，可改变吊点位置，在转换吊点时，必须先挂后换，使新吊点吃力后，并确定牢固，才能拆除原吊点。）

8. 围堰施工过程中，应加强对其变形、渗水和冲刷情况的观察，发现异常及时报告，并在技术员指导下及时处理。

9. 拔桩时，应从下游向上游依次进行。遇有拔不动的钢板桩时，应立即停拔检查，可采

续上表

<table>
<tr><td colspan="6">取射水、振动等松动措施，严禁硬拔。
10. 导向桩打好之后，以槽钢焊接牢固，确保导向桩不晃动，以便打桩时提高精确度。
11. 线桩插打，钢板桩起吊后人力将桩插入锁口，动作缓慢，防止损坏锁口，插入后可稍送吊绳，使桩凭自重滑入。
12. 插打钢板桩，应从上游依次对称向下游插打（插打双层钢板桩，应先外侧后内侧，最后在下游处合拢。受潮水影响的河流，应根据实际情况，制定插打方案及安全防护措施）。
13. 桩锤各部机件、连接件要确保完好，电气线路、绝缘部分要良好绝缘。每天使用前要认真检查，班后要进行保养。操作时，桩锤和板桩连接要牢固，系索人员要有稳固地点立足，要佩戴好安全帽和系好安全带。
14. 拔桩前应拴好溜绳；拔桩作业时，机械作业范围及桩位附近不得站人。
15. 采用吊机船拔除钢板桩，应指派专人经常检查吊机船的吃水深度，拔桩机或吊机受力情况，拔桩机和吊机应安装“限负荷”装置，以防超负荷作业。
16. 钢筋混凝土板桩采用捶击下沉时，桩头和桩尖部位，应在技术员指导下采取加固措施。锤击时，应用桩帽、桩垫，并经常检查，发现异常情况应立即停击。</td></tr>
<tr><td colspan="6">重点强调：
1. 围堰施工过程中，应加强对其变形、渗水和冲刷情况的观察，发现异常应在技术人员指导下及时处理。
2. 拔桩时，应从下游向上游依次进行。遇有拔不动的钢板桩时，应立即停拔检查，可采取射水、振动等松动措施，严禁硬拔。
3. 钢板桩在捶击下沉时，初始阶段应轻打。桩帽（垫）变形时应及时更换。
4. 在转换吊点时，必须先挂后换，使新吊点吃力后，并确定牢固，才能拆除原吊点。
5. 钢筋混凝土板桩采用捶击下沉时，桩头和桩尖部位，应在技术人员指导下采取加固措施。锤击时，应用桩帽、桩垫，并经常检查，发现异常情况应立即停击。
6. 吊起的钢板桩未就位前，插桩桩位处不得站人。
7. 钢板桩起吊必须听从信号指挥。
8. 插打钢板桩（包括钢筋混凝土板桩）围堰前必须对打桩机，卷扬机及其配套机具设备，绳索等进行全面检查。</td></tr>
<tr><td>审核人</td><td></td><td>交底人</td><td></td><td>接受交底负责人</td><td></td></tr>
<tr><td colspan="6">作业班组全体签名：</td></tr>
</table>

套箱围堰施工安全交底

编号：

施工单位	
工程名称	
分部分项工程	
工　　种	

交底内容：

一、主要危险源与危害因素

1. 在平台上组装时，底板、侧板连接不牢固。

2. 套箱围堰防水性差。

3. 套箱在多吊点同步吊放过程中，整体下落时，各吊杆受力不均匀。

4. 对吊点的受力焊缝没有进行探伤检查。

5. 在无底套箱内抽水时，没有及时设置内支撑。

6. 无底套箱封底混凝土没有进行对称浇筑。

7. 潜水员下潜时没有使用安全带。

8. 潜水及加压前没有对潜水设备进行检查。

9. 潜水员在没有掌握下潜任务、下潜环境、工作部位、水深、流速、流向等情况下进行作业。

10. 围堰施工时，对其变形、渗水和冲刷等情况不进行检测或发现问题处理不及时。

二、安全注意事项

1. 套箱围堰应严密观测其密封度、防水性。

2. 套箱采用船组辅助定位时，应在技术人员指导下先将定位船、导向船(或其他导向设施)就位。定位船锚在施放时，位置应准确，并要在技术人员指导下采取措施防止下锚时锚链(绳)缠绕或刮带伤人。抛锚地点应设置浮标，船只上的锚固绳栓均要加固补强。

3. 钢套箱进入现场定位后，应在技术人员检查锚锭系统的稳定情况确认无误后，方可进行下步作业。船间的通道及联结梁上，应铺设人行道板和栏杆。

4. 钢套箱刚刚落床尚未稳定前应防止来往船舶、流冰、漂流物等碰撞导向船、锚绳等设施。

5. 当沉浮式双壁套箱注水下沉或排水上浮时，必须对称均衡进行施工，并防止产生过大的倾斜。

6. 钢套箱拆除，作业应在技术人员指导下进行。作业时安全防护设施应齐备。

7. 在平台上组装时，底板、侧板应该连接牢固，并有可靠的防漏水措施。

8. 采用多吊点同步吊放，整体下落时，应使各吊杆受力均匀。对吊点的受力焊缝进行探伤检查。

9. 在无底套箱内抽水时，应及时设置内支撑，保证围堰结构的稳定。

10. 无底套箱封底混凝土应采用多导管对称浇筑，厚度应均匀。

11. 抽水过程中应加强观测，若有异常，应在技术人员指导下及时处理。

续上表

<table>
<tr><td colspan="6">12. 潜水员应掌握下潜任务、下潜环境、工作部位、水深、流速、流向等，并执行有关的安全操作规定；潜水员应当使用安全带，经检查后套在下潜导绳上下潜或上升；潜水员在潜水及加压前对潜水设备进行检查，确认良好后方可进行作业。
13. 围堰施工过程中，应加强对其变形、渗水和冲刷情况的观察，发现异常应在技术人员指导下及时处理。</td></tr>
<tr><td colspan="6">重点强调：
1. 在平台上组装时，底板、侧板应该连接牢固，并有可靠的防漏水措施。
2. 无底套箱封底混凝土应采用多导管对称浇筑，厚度应均匀。
3. 潜水及加压前应对潜水设备进行检查，确认良好后方可进行作业。
4. 潜水员下潜时应该使用安全带，经检查后套在下潜导绳上下潜或上升。
5. 套箱在多吊点同步吊放过程中，整体下落时，各吊杆受力不均匀。</td></tr>
<tr><td>审核人</td><td></td><td>交底人</td><td></td><td>接受交底负责人</td><td></td></tr>
<tr><td colspan="6">作业班组全体签名：</td></tr>
</table>

4.2　桥梁基础施工

人工挖孔桩基础施工安全交底

编号：

施工单位	
工程名称	
分部分项工程	
工　　种	

交底内容：

一、主要危险源与危害因素

1. 人员、机械带病作业。

2. 现场没有设作业区，其边界没有设围挡和安全标志；夜间施工未设示警红灯。

3. 闲杂人等进入工作区域内。

4. 遇塌孔、地下水涌出、有害气体等异常情况，没有立即停止作业、并未立即撤离桩孔。

5. 擅自进行作业；冒险作业。

6. 未系好安全带、未佩戴好安全帽。

7. 孔口上作业人员擅自离开岗位。

8. 孔口上作业人员没有按孔内人员指令操作。

9. 暂停作业时，孔口没有设围挡和安全标志或用盖板盖牢，阴暗时和夜间没有设警示灯。

10. 人员在狭小模板内振捣混凝土时，没有轮换作业，并未设人监护。

11. 灌注混凝土不连续，中途中断。

12. 挖孔成形并在当天验收后，未立即下置护筒或灌注混凝土。

13. 未查明地下无管线或其他构造物就盲目开挖。

二、安全注意事项

1. 挖孔较深或有渗水时，应在技术人员指导下采取孔壁支护及排水、降水等措施，严防坍孔。

2. 人工挖孔，对孔壁的稳定及吊具设备等，应经常检查。孔顶出土机具应有专人管理，并设置高出地面的围栏；孔口不得堆集土渣及存放机具；作业人员的出入，应设常备的梯子；夜间作业应悬挂示警红灯；挖孔暂停时，孔口应设置罩盖及标志。

3. 孔内挖土人员的头顶部位应设置护盖。装土吊桶升降时，挖土人员应在护盖下面工作。相邻两孔中，一孔进行浇筑混凝土时，另一孔的挖孔人员应停止作业，并撤出井孔。

4. 当采用人工挖孔或人工扩孔时，必须经上级主管部门批准后方可施工。

5. 作业人员必须熟悉人工挖孔桩施工工艺，遵守操作规定和具有应急监测防护能力。

6. 开挖桩孔应从上自下逐层进行，挖一层土及时浇筑一节混凝土护壁。第一节护壁应高出地面 300 毫米。

续上表

7. 距孔口顶周边 1 米搭设围栏。孔口应设安全盖板，当装土吊桶自孔内提出地面时，必须关闭孔口后，再进行卸土。孔口周边 1 米范围内不得有堆土或其他堆积物。

8. 提升吊桶的机钩其传动部分及地面扒杆必须牢靠，制作、安装应在技术人员指导下进行。人员上下时必须另配钢丝绳及滑轮并有断绳保护装置，或使用安全爬梯上下；严禁人员乘装土吊桶上下。

9. 孔内应设半圆形防护板，随挖掘深度逐层下移，避免落物伤人。吊运物料时，作业人员应在防护板下面工作。

10. 每次下孔作业前必须打开孔盖通风，同时应在技术人员指导下检查孔壁和抽样检测孔内空气，经检测氧气、有毒有害气体浓度在规定范围内，方可下孔作业。当有害气体超过规定时，应进行处理和用鼓风机送风。严禁用纯氧进行通风换气。

11. 孔内照明应采用安全矿灯或 12 伏防爆灯具。桩孔较深时，上下联系可通过对讲机等方式，地面不得少于 2 名监护人员。井下人员应轮换作业，连续工作时间不应超过 2 小时。

12. 挖孔完成并当天验收后，应及时将桩身钢筋笼就位和浇筑混凝土。正在浇筑混凝土的桩孔周围 10 m 半径内，其他桩不得有人作业。

13. 人工挖孔，除应经常检查孔内的气体情况外，并应遵守下列规定：

(1)挖孔人员下孔作业前，应先用鼓风机将孔内空气排出更换。

(2)作业人员有呼吸不适感觉时，亦应采取通风或换班作业等措施。

(3)空气污染超过现行的《大气环境质量标准》规定空气污染三级标准浓度值时，如没有安全可靠的措施不得采取人工挖孔作业。

(4)孔深超过 2 米后，作业中应每 2 小时对孔内气体至少检测一次，确认符合规定并记录；孔深超过 5 米后，作业中应强制通风。

(5)孔上作业人员按孔内人员指令操作；孔上作业人员不得擅自离开岗位。

14. 人工挖孔深度超过 10 米时，应采用机械通风。当使用风镐凿岩时，应加大送风量，吹排凿岩产生的石粉。人工挖孔最深不宜大于 15 米。

15. 保证灌注混凝土的连续性，以确保混凝土不出现冷缝；同时要振捣密实。

16. 人员在狭小模板内振捣混凝土，应轮换作业，并设人监护。

17. 挖孔桩暂停施工时，应在孔口架设护盖。

18. 钢筋笼的制作、吊放应当在技术人员指导下完成。

19. 施工过程中必须保护现场管线、杆线、人防、消防、城市排水、绿化、交通设施。

20. 施工过程中，发现不明障碍物、文物等，应立即停止作业并报告上级；遇塌孔、地下水涌出、有害气体等异常情况，应立即停止作业、并立即撤离桩孔。

21. 应在技术人员查明地下无管线或其他构造物后，才开始开挖。

22. 桩孔周围 2 米范围内必须设护栏和安全标志，非作业人员禁止入内；3 米内不得行驶或停放机动车。

23. 严禁人员、机械带病作业；作业人员必须按要求系好安全带、正确佩戴好安全帽。

续上表

重点强调： 1. 人员在狭小模板内振捣混凝土，应轮换作业，并设人监护。 2. 暂停作业时，孔口必须设围挡和安全标志或用盖板盖牢，阴暗时和夜间应设警示灯。 3. 桩孔周围 2 米范围内必须设护栏和安全标志，非作业人员禁止入内；3 米内不得行驶或停放机动车。 4. 保证灌注混凝土的连续性，以确保混凝土不出现冷缝。 5. 挖孔桩暂停施工时，应在孔口架设护盖。					
审核人		交底人		接受交底负责人	
作业班组全体签名：					

钻孔桩基础施工安全交底

编号：

施工单位	
工程名称	
分部分项工程	
工　　种	

交底内容：

一、主要危险源与危害因素

1. 钻孔桩施工过程中，现场没有设作业区，其边界没有设围挡和安全标志；夜间施工没有示警红灯。

2. 闲杂人等进入工作区域内。

3. 钻孔操作人员没有按要求系好安全带、没有正确佩戴好安全帽。

4. 暂停作业时，孔口没有设围挡和安全标志或用盖板盖牢，阴暗时和夜间没有设警示灯。

5. 遇塌孔、地下水涌出、有害气体溢出等异常情况，没有立即停止作业。

6. 钻孔中，发现紧固螺栓松时，没有停机并重新紧固，仍继续作业。

7. 下班时，没有将钻头下降接触地面，操纵杆没有放到空挡位置，没有拉闸切断电源。

8. 钻机运行中作业人员没有位于安全位置；人员靠近和触摸钻杆；钻具悬空时下方有人。

9. 钻孔成形后，未在当天验收并立即下置护筒或灌注混凝土。

10. 混凝土灌注不连续，中途中断。

11. 未查明地下无管线或其他构造物就盲目开挖。

二、安全注意事项

1. 钻孔机械就位后，应对钻机及配套设备进行全面检查。钻机安设必须平稳、牢固；钻架应加设斜撑或缆风绳。

2. 冲击钻孔，选用的钻锥、卷扬机和钢丝绳等，应配置适当，钢丝绳与钻锥用绳卡固接时，绳卡数量应与钢丝绳直径相匹配。冲击过程中，钢丝绳的松弛度应掌握适宜。

3. 正、反循环钻机及潜水钻机使用的电缆线要定期检查，接头必须绑扎牢固，确保不透水、不漏电；对经常处于水、泥浆浸泡处应架空搭设。挪移钻机时，不得挤压电缆线及风、水管路。

4. 潜水钻机钻孔时，一般在完成一根钻孔桩时要检查一次电机的封闭状况。钻进速度应由技术人员根据地质变化加以控制，不得私自改变，以保证安全运转。

5. 采用冲抓或冲击钻孔时，当钻头提到接近护筒底缘时，应减速、平稳提升，不得碰撞护筒和钩挂护筒底缘。

6. 钻孔使用的泥浆，宜设置泥浆循环净化系统。泥浆循环净化系统的设置应在技术人员指导下进行。注意防止或减少泥浆环境污染。

续上表

7. 应在技术人员查明地下无管线或其他构造物后，才开钻。 8. 作业前将操纵杆放在空挡位置，启动后应先空运转试验，确认仪表、温度、制动等正常、声响无异常后，方可作业。 9. 钻孔桩施工过程中，现场应设作业区，其边界设围挡和安全标志；夜间施工应设示警红灯；严禁闲杂人等进入工作区域内；钻孔操作人员必须按要求系好安全带、正确佩戴好安全帽。 10. 钻机停钻，必须将钻头提到孔外，置于钻架上，不得滞留孔内。 11. 对于已埋设护筒未开钻或已成桩护筒尚未拔除的，应加设护筒顶盖或铺设安全网遮罩。 12. 钻孔过程中，如遇机架摇晃、移动、偏斜或钻头内发出有节奏的响声时，应立即停钻，并上报，经处理后，方可继续施钻。 13. 钻孔作业中，应有专人负责电缆；如遇停电，应将各控制器放置零位，切断电源，将钻头接触地面。 14. 钻孔成形后，应在当天验收并立即下置护筒或灌注混凝土。附近不准堆放重物和材料。 15. 作业后，应清洗钻杆和螺旋片上的泥土、泥浆 16. 电源线路、电箱接线正确，绝缘可靠，接地牢固，触电保护器灵敏有效，电源容量和导线截面符合钻机说明书和安全用电规范的要求 17. 钻孔中，发现紧固螺栓松时，应立即停机，重新紧固后方可继续作业。 18. 下班时，应将钻头下降接触地面，操纵杆放到空挡位置，拉闸切断电源，锁好开关锁。暂停作业时，孔口应设围挡和安全标志或用盖板盖牢，阴暗时和夜间应设警示灯。 19. 作业现场及其附近有电力架空线路时，安全距离应符合要求。严禁在高低压架空电线下方钻孔，移动钻机、钻杆时应确保与高压电线有足够的安全距离。 20. 钻机运行中作业人员应位于安全位置，严禁人员靠近和触摸钻杆；钻具悬空时严禁下方有人。 21. 灌注混凝土必须连续，以确保混凝土不出现冷缝；同时要振捣密实。 22. 施工过程中必须保护现场管线、杆线、人防、消防、城市排水、绿化、交通设施。 23. 施工过程中，发现不明障碍物、文物等，应立即停止作业并报告上级；遇塌孔、地下水涌出、有害气体溢出等异常情况，应立即停止作业并报告上级。

续上表

<table>
<tr><td colspan="6">重点强调：
1. 作业前将操纵杆放在空挡位置，启动后应先空运转试验，检查仪表、温度、音响、制动等各项工作正常后，方可作业。
2. 严禁在高低压架空电线下方钻孔，移动钻机、钻杆时一定要确保与高压电线有足够的安全距离。
3. 成孔后，必须将孔口加盖保护或浇筑混凝土，附近不准堆放重物和材料。
4. 电源线路、电箱接线正确，绝缘可靠，接地牢固，触电保护器灵敏有效，电源容量和导线截面符合钻机说明书和安全用电规范的要求。
5. 下班时，应将钻头下降接触地面，各部制动住，操纵杆放到空挡位置，拉闸切断电源，锁好开关锁。</td></tr>
<tr><td>审核人</td><td></td><td>交底人</td><td></td><td>接受交底负责人</td><td></td></tr>
<tr><td colspan="6">作业班组全体签名：</td></tr>
</table>

基坑施工安全交底

编号：

施工单位	
工程名称	
分部分项工程	
工　　种	

交底内容：

一、主要危险源与危害因素

1. 基坑施工过程中，地下连续墙渗水漏水，没有及时汇报。

2. 基坑施工过程中，碰到流砂等不良地质现象，没有及时汇报。

3. 地墙先后施工接缝处夹泥。

4. 暂停作业时，基坑周围没有设围挡和安全标志或用盖板盖牢；阴暗时和夜间没有设警示灯。

5. 吊放钢筋笼时，钢筋笼轴线与桩轴线不吻合。

6. 基坑开挖时，没有及时支护。

二、安全注意事项

1. 开挖基坑时，如对邻近建(构)筑物或临时设施有影响时，应在技术员指导下采取安全防护措施。

2. 挖掘机等机械在坑顶进行挖掘出土作业时，机身距基坑边缘的安全距离应由技术人员确定。一般应不小于1.0米，堆放材料及机具时距基坑边缘应不小于0.8米。

3. 采用吊斗或皮带运输机出土时，应检查吊斗绳索、挂钩、机具等是否完好牢固。吊斗升降时，坑内作业人员应躲离吊斗升降移动范围以外。吊斗不使用时，应及时摘下，不得悬挂。

4. 在水中挖基，应备有便于出入基坑的爬梯等安全设施。

5. 开挖中，当坑沿顶面裂缝、坑壁松塌或遇有涌水、涌砂影响基坑边坡稳定时，应立即加固防护。

6. 基坑施工过程中，地下连续墙渗水漏水，应有及时汇报；碰到流砂等不良地质现象，应有及时汇报。

7. 基坑需机械抽排水开挖时，须配备足够的抽排水设备，抽水机及管路等要安放牢靠。

8. 小型桥涵施工，如不能保证车辆通行时，应事先修好便道或便桥(涵)，并在修建桥涵的公路两端设置“禁止通行”的标志。

9. 寒冷气候采用冻结法开挖基坑时，应由技术人员根据地质、水文、气温等情况确定方案，并分层冻结，逐层开挖。

10. 基坑开挖需要爆破时，应按国家现行的《爆破安全规程》办理。

11. 在砂土中施工，应选择合适的施工机械并加快流程速度。

12. 对于在基坑开挖之前对地下连续墙质量排查工程中出现明显或者潜在危险的地下连续墙接缝处应予重点对待，应在技术员指导下采取旋喷等措施进行处理，防患于未然。

续上表

13. 围护结构施工前，应首先做好周围的拆迁，管线迁改，地表以下 2 米范围内严禁采用机械开挖，以保护管线。

14. 基坑顶面四周应开挖排水沟，防止地表水流入基坑。

15. 严禁采用局部开挖深坑，从底层向四周掏土的方法施工。

16. 基坑每层开挖深度应由技术人员根据地质情况确定，并应边挖边支。

17. 暂停作业时，基坑周围应设围挡和安全标志或用盖板盖牢，阴暗时和夜间应设警示灯。

18. 吊放钢筋笼时，钢筋笼轴线与桩轴线必须吻合。

19. 施工过程中必须保护现场管线、杆线、人防、消防、城市排水、绿化、交通设施。

20. 施工过程中，发现不明障碍物、文物等，应立即停止作业并报告上级。

重点强调：

1. 在砂土中施工，应选择合适的施工机械并加快流程速度。

2. 围护结构施工前，应首先做好周围的拆迁，管线迁改，地表以下 2 米范围内严禁采用机械开挖，以保护管线。

3. 吊放钢筋笼过程中应保持钢筋笼轴线与桩轴线吻合。

4. 基坑每层开挖深度应根据地质情况确定，并应边挖边支。

审核人		交底人		接受交底负责人	

作业班组全体签名：

沉井基础施工安全交底

编号：

施工单位	
工程名称	
分部分项工程	
工　　种	

交底内容：

一、主要危险源与危害因素

1. 挖土下沉过程中没有专人指挥，井内采用人工和机械同时挖土。

2. 沉井连续下沉时，中途停顿的时间过长。

3. 机械设备操作员无证上岗。

4. 作业区四周没有浇筑混凝土护圈，护圈上没有设置围栏围护。

5. 闲杂人等进入工作区域内。

6. 擅自进行作业；冒险作业。

7. 作业人员擅自离开岗位。

8. 操作人员没有严格按有关“操作规程”执行。

9. 暂停作业时，沉井周围没有设围挡和安全标志或未用盖板盖牢，阴暗时和夜间没有设示警红灯。

10. 施工过程中，遇渗水漏水等情况，没有及时向上级报告。

二、安全注意事项

1. 严禁作业人员擅自离开岗位；机械设备操作人员必须持证上岗；严禁闲杂人等进入工作区域内；所有操作人员必须严格执行有关“操作规程”。

2. 沉井下沉时，在四周的影响区域内，不应有高压电线杆、地下管道、固定式机具设备和永久性建筑物，否则应在技术人员指导下采取安全措施后，方可进行沉井下沉；沉井连续下沉时，中途停顿时间不能过长。

3. 抽承垫木时，应有专人统一指挥，分区域，按规定顺序进行。并在抽承垫木及下沉时，严禁人员从刃脚、底梁或隔墙下通过。

4. 沉井的内外脚手，如不能随同沉井下沉时，应和沉井的模板、钢筋分开。井字架、扶梯等设施均不得固定在井壁上，以防沉井突然下沉时被拉倒发生事故。

5. 沉井顶部周围应设防护栏杆。井内的水泵、水力机械管道等设施，必须架设牢固，以防坠落伤人；暂停作业时，沉井周围设围挡和安全标志或用盖板盖牢，阴暗时和夜间设示警红灯。

6. 空压机的贮气罐应设有安全阀，输气管道编号，供气控制应有专人负责，在有潜水员工作时，应有滤清器。

7. 沉井下沉前应把井壁上拉杆螺栓和圆钉割掉。特别在不排水下沉时，应全部清除井内障碍和插筋，以防割破潜水员的潜水服。

8. 浮运沉井的防水围壁露出水面的高度，在任何情况下均不得小于 1 米。

续上表

9. 采用抓斗抓土时，井孔内的人员和设备应事前撤出，如不撤出，应在技术员指导下采取有效的安全措施进行妥善保护。 10. 采用人工挖土机械运输时，土斗装满后，待井下工人躲开，并发出信号，方可起吊。 11. 采用水力机械时，井内作业面与水泵站应建立通信联系。水力机械的水枪和吸泥机应进行试运转，各连接处应严密不漏水。 12. 沉井在淤泥质黏土或亚黏土中下沉时，井内的工作平台应用活动平台，严禁固定在井壁、隔墙和底梁上。沉井发生突然下沉，平台应能随井内涌土上升。 13. 采用井内抽水强制下沉时，井上人员应离开沉井，不能离开时，应在技术人员指导下采取安全措施。 14. 沉井如由不排水转换为排水下沉时，抽水后应经过观测，确认沉井已经稳定，方允许下井作业。 15. 采用套井与触变泥浆法施工时，套井四周应在技术员指导下设置防护设施。 16. 沉井下沉采用加载助沉时，在加载或卸载范围内，应停止其他作业。 17. 沉井水下混凝土封底时，工作平台应搭设牢固，导管和平台周围应有栏杆。 18. 沉井的井字架、扶梯等设施不得固定在井壁上，防止沉井突然下沉时被拉倒。 19. 沉井制作时，其高度不宜使其重心离地太高，以不超过沉井短边或直径的长度为宜。特殊情况允许加高，但应在技术员指导下采取必要的安全技术措施。在围堰筑岛上就地浇筑的沉井，在沉井的外侧周围应留有护道。 20. 沉井下沉时，不得先挖沉井外圈土；应在刃脚处均匀掘进，保持沉井均衡下沉。在沉井刃脚或井内横隔墙附近开挖时，不得有人停留。 21. 用吊斗出土时，斗梁与吊钩应封绑牢固，并应经常检查斗梁、斗门等磨损情况，损伤部位应更换或加固。吊斗升降时，井顶指挥人员应通知井下人员暂时避开。 22. 采用抓斗进行不排水下沉时，如钢丝绳缠绕在一起而需要转动抓斗进行排除时，作业人员应站在有护栏的部位。采用机吊人挖时，土斗装满后，需待井下人员躲开，并发出信号后，方可起吊。 23. 沉井面积较大，不排水下沉时，井内隔墙上应设有潜水员通过的预留孔；浮运沉井的防水围壁露出水面高度不得小于1m；不排水沉井下沉中，应均匀出土，不得超挖超吸。必要时进行沉井底的潜水检查，要防止沉井突然下沉和大量涌砂而导致沉井歪斜或造成机械和人员损伤。 24. 沉井下沉需要配重时，配重物件应堆码整齐，捆绑牢固；采用偏配重、偏出土和施加水平力纠正井倾斜时，荷载应逐级增加，并不断观察沉井下沉情况。 25. 在深水处进行浮式沉井施工时，起吊下水应对起重设备合理配置使其受力均匀；当河岸有适合坡度，而采用滑移、牵引等措施下水时，必须保证沉井安全，严防倾覆及损伤。 26. 沉井浮运及定位应符合如下规定： (1)浮式沉井下水时，当采用起吊下水时，应对起重设备合理配置使其受力均匀；当河岸有适合坡度，采用滑移、牵引等措施下水时，下滑速度应缓慢，沉井后侧应始终以溜绳控制，严防倾覆及损伤。

续上表

(2)船上(或支架平台上)制造完成的浮式沉井,下水应在水面波浪较小时进行,当有船只驶过时,应暂缓入水。

(3)导向船、定位船连接时,不得发生剧烈碰撞,汛期应经常检查锚锭系统。

(4)沉井在悬浮状态下的施工各阶段,应随时观测沉井的稳定性和出水高度。

(5)接高时,必须均匀对称加载,沉井顶面应高出施工时水位 1.5m 以上。

(6)应随时观测墩位处河床冲刷情况,必要时在技术人员指导下采取防护措施。

(7)带气筒的浮式沉井,应在技术人员指导下加强对气筒的防护。

(8)沉井的定位应在技术人员的指定下进行。

27. 沉井混凝土要沿井壁四周对称进行灌注。避免混凝土面高低相差悬殊、压力不均而产生基底不均匀沉陷,致使混凝土开裂。

28. 作业区四周必须浇筑混凝土护圈,并在护圈上设置围栏围护。

29. 挖土下沉时,应分层、均匀、对称地进行,使其能均匀竖直下沉,不得有过大的倾斜。

30. 由数个井孔组成的沉井,为使其下沉均匀,挖土时各井孔土面高差不应超过 1 米。

31. 浇筑时,应防止沉井不均匀下沉,在软土层中封底宜分格对称进行。

32. 为防止沉井在接高加重时突然下沉或发生倾斜,在刃脚下回填支垫,接高时均匀加重。

33. 井下操作人员应戴安全帽、穿胶鞋、防水衣裤;潜水泵应配装漏电保护器。

34. 挖土下沉过程中应有专人指挥,井内人工和机械要同时挖土。

35. 施工过程中遇渗水漏水等情况,应及时向上级报告。

重点强调:

1. 沉井混凝土要沿井壁四周对称进行灌注。避免混凝土面高低相差悬殊、压力不均而产生基底不均匀沉陷,致使混凝土开裂。

2. 为防止沉井在接高加重时突然下沉或发生倾斜,在刃脚下回填支垫,接高时均匀加重。

3. 浇筑时,应防止沉井不均匀下沉,在软土层中封底宜分格对称进行。

4. 沉井下沉时,不得先挖沉井外圈土,应在刃脚处均匀掘进,保持沉井均衡下沉。在沉井刃脚或井内横隔墙附近开挖时,不得有人停留。

审核人		交底人		接受交底负责人	

作业班组全体签名:

锚锭施工安全交底

编号：

施工单位	
工程名称	
分部分项工程	
工　　种	

交底内容：

一、主要危险源与危害因素

1. 锚锭系统未设专人负责检查。

2. 吊送材料和模板时，吊物下方站人或通行。

3. 锚锭开挖边缘范围内堆放物料。

4. 吊运土方的吊车钢丝绳、吊钩等吊索具，未每班检查。

二、安全注意事项

1. 锚锭土方开挖前，应在技术人员指导下对邻近的设备、设施、电缆线路等进行详细了解，如开挖工作有可能对其造成影响，需在技术人员指导下采取必要措施后才可进行施工，同时应在技术人员指导下，在开挖范围内采取必要的安全防护隔离及警戒标识等措施。

2. 锚锭开挖时，应在每个土方吊运点设置一层防护棚，以防土方坠落伤人。所有大型机械设备禁止进入开挖边缘1米以内范围，开挖边缘0.8米范围内严禁堆放物料。

3. 锚锭施工人员应穿反光背心，施工过程中尽量避开土方吊运点。

4. 输送混凝土的导管安放处，应设置固定的挂篮，以便施工人员安放导管。

5. 导管位移时，必须用钢丝绳固定料斗后方可与导管一起吊运，严禁在料斗未固定时与导管一起吊运。

6. 吊运土方的吊车钢丝绳、吊钩等吊索具，应每班检查，以防机械故障事故。

7. 施工用的小型机具，应装在专用的吊篮里，用吊车吊运。吊送材料和模板时，吊物下方不得站人及通行。

8. 每开挖一层前，应接到技术部门下发的开挖令方可施工。

9. 混凝土运输车下料口应用土工布设置一道布帘，以防砂石冲出料斗伤人。

10. 在地下连续墙上设置两道楼梯以供人员上下，楼梯随锚锭开挖及时向下延伸。

11. 锚锭浇筑至地面以上时应设置挂架，施工人员应在挂架内施工。

12. 锚锭开挖边缘范围内严禁堆放物料。

13. 锚锭系统须设专人负责检查。

续上表

重点强调：

1. 吊送材料和模板时，吊物下方不得站人及通行。
2. 锚锭开挖边缘范围内严禁堆放物料。
3. 锚锭施工人员应穿反光背心，施工过程中尽量避开土方吊运点。
4. 吊运土方的吊车钢丝绳、吊钩等吊索具，应每班检查，以防机械故障事故。

审核人		交底人		接受交底负责人	

作业班组全体签名：

4.3　墩台施工

墩台施工安全交底(通用)

编号：

施工单位	
工程名称	
分部分项工程	
工　　种	

交底内容：

一、主要危险源与危害因素

1. 施工中塔吊未与墩台进行可靠连接。

2. 施工电梯超载超速运行。

3. 墩(台)身钢筋没有安装可靠的固定措施。

4. 墩台混凝土施工时模板支撑不牢固。

5. 墩台施工中，脚手架、工作平台搭设不牢固。

6. 墩台施工中，高处作业时上下重叠施工，未按规定设置防护棚(网)等安全防护设施。

7. 模板及脚手架拆除方法、顺序不当。

8. 起重吊装违规操作。

9. 不按规定佩戴劳动防护用品。

10. 高墩模板爬升体系未设置保险装置。

二、安全注意事项

1. 为上下作业平台所设置的专用安全爬梯、斜道等攀登设施应符合以下要求：

(1)现场自制安全梯结构必须牢固，梯梁(如图)与踏板焊接应由焊工进行，焊接必须满焊；应在技术人员指导下对梯子采取固定措施，以防梯子侧翻。

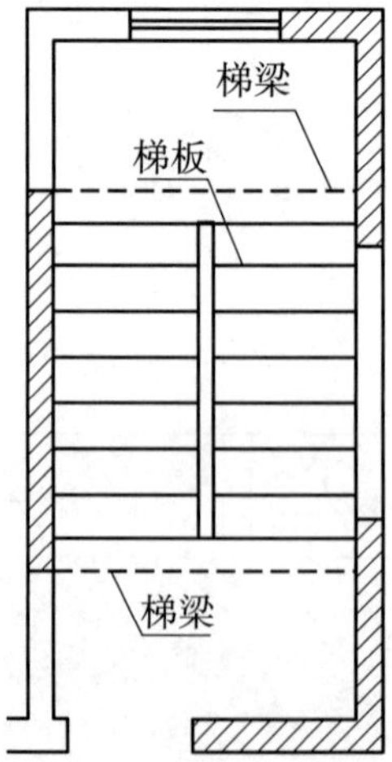

续上表

<table>
<tr><td colspan="6">（2）采用斜道时，脚手架必须置于坚固的地基上（地基不坚固时，应在技术人员指导下进行加固），架设必须牢固。
2. 高处作业必须搭设作业平台，作业平台临边应设置防护栏杆，并符合下列要求：
（1）采用钢制材料应使预埋件与钢管或钢筋焊接牢固。
（2）防护栏杆的底部与作业平台必须连接牢固。
（3）高处临街防护栏杆应加挂安全网或采取其他全封闭措施。
3. 现场使用斜道运输施工时，斜道的设置应符合以下要求：
（1）斜道两侧应设防护栏杆，进出口横栏杆不得伸出栏柱；
（2）斜道应直顺不宜设弯道，斜道脚手架必须置于坚实地基，支护必须牢固。
4. 应在技术人员指导下搭设支架临时加固，防止钢筋骨架倾覆。
5. 脚手架应搭设牢固，不得与模板及其支撑体系联结。
6. 工作平台应搭设牢固，不得与模板及其支撑体系联结。
7. 平台应设围栏，周边应张挂密目安全网。
8. 步梯应设围栏，周边应张挂密目安全网。
9. 墩台施工靠近既有道路时应在技术人员指导下采取可靠的安全防护措施，确保行人与车辆的安全。
10. 若附近有隧道或路堑工程，隧道或路堑的弃渣，严禁倾倒在墩台一侧，以免造成偏压。
11. 墩（台）身钢筋必须安装可靠的固定措施。
12. 墩台施工中，高处作业时上下重叠施工，必须按规定设置防护棚（网）等安全防护设施。
13. 模板及脚手架的拆除应有专职安全人员的安全指导。
14. 起重吊装必须正确操作。
15. 作业人员按规定佩戴劳动防护用品。
16. 高墩模板爬升体系必须设置保险装置。</td></tr>
<tr><td colspan="6">重点强调：
1. 墩台施工中，脚手架、工作平台搭设不牢固。
2. 墩台施工中，高处作业时上下重叠施工，未按规定设置防护棚（网）等安全防护设施。
3. 墩台施工靠近既有道路时应在技术人员指导下采取可靠的安全防护措施，确保行人与车辆的安全。
4. 起重吊装违规操作。
5. 高墩模板爬升体系未设置保险装置。</td></tr>
<tr><td>审核人</td><td></td><td>交底人</td><td></td><td>接受交底
负责人</td><td></td></tr>
<tr><td colspan="6">作业班组全体签名：</td></tr>
</table>

现浇混凝土墩台施工安全交底

编号：

施工单位	
工程名称	
分部分项工程	
工　　种	

交底内容：

一、主要危险源与危害因素

1. 脚手架作业面上脚手板与龙骨固定不牢固，并未设挡脚板。

2. 采用吊斗浇筑混凝土时，吊斗升降未设专人指挥；身倚栏杆推动吊斗。

3. 高处作业时，上下没有走马道（坡道）或安全梯。

4. 暂停拆模时，未将活动件支稳，就离开现场。

5. 墩台混凝土浇筑所用的脚手架与模板支架联结。

6. 混凝土入模时，卸料位置下方有人。

7. 在狭小模板内振捣混凝土，没有轮换作业，并未设人监护。

8. 浇筑和振捣混凝土时，冲击、振动模板及其支撑。

9. 模板及脚手架拆除方法、顺序不当。

二、安全注意事项

1. 桥台台背和锥坡回填土应在技术人员技术交底后进行；台背与锥坡应同时进行回填。

2. 支座安设中使用环氧树脂砂浆或浆液时，应由技术人员按设计和原材料使用说明书的要求配置，配置现场应通风良好，作业人员必须按规定佩戴防护用品。

3. 作业平台不得和模板、支架相连接。

4. 墩台混凝土浇筑脚手架，不得与模板支架联结，应自成体系，防止模板出现位移。

5. 混凝土墩台改建作业时应遵守以下要求：

(1)主梁顶升后进行墩台加高施工时，顶升（卸落）用的千斤顶使用前应进行检查、试用，确认合格。千斤顶顶升（卸落）作业时，必须备保险垫木，当主梁顶升（卸落）高度符合要求时，立即在墩台上放入保险垫木，确认稳固后，方可落梁，严禁千斤顶长时间承重；同一端顶升（卸落）使用的千斤顶型号、规格应一致，顶升（卸落）时，起落速度应均匀同步，每次升降行程不得大于 10 厘米；两端主梁顶升（卸落）应对称、错落进行，不得同步升降。

(2)主梁拆移后进行施工时，吊梁应采用起重机进行，起重机的使用应符合有关安全技术操作规程。

6. 起重机安设墩柱准确就位后应用硬木楔或钢楔固定，并在技术人员指导下采取支撑措施，经检查主体稳定并符合要求后，方可摘除吊钩。

7. 在墩柱上安装预制盖梁，应在技术人员指导下对墩柱采取临时稳固措施。

8. 轻型桥台应待盖板和支撑梁安装完成并在技术人员检查后，方可进行台背回填土，两端桥台的台背回填应对称进行。

续上表

<table>
<tr><td colspan="6">9. 墩柱安装后应立即浇筑杯口一次混凝土；在技术人员确认后，方可拆除楔木，浇筑二次混凝土；方可安装盖梁和拆除支撑应有技术人员指导。
10. 预制盖梁就位后，应及时浇筑接头混凝土；在技术人员确认后，方可拆除墩柱的临时加固设施；
11. 人员在狭小模板内振捣混凝土时，应轮换作业并应有人监护；混凝土入模时，卸料位置下方严禁有人。
12. 水泥和其他易飞扬的细颗粒散体材料，应严密遮盖。
13. 混凝土浇筑前要用高强度等级砂浆将底口封严，以防出现烂根现象。
14. 保证灌注混凝土的连续，以确保混凝土不出现冷缝。
15. 浇筑和振捣混凝土时，不得冲击、振动模板及其支撑；滑升模板时不得进行振捣作业。
16. 在混凝土浇筑过程中，应随时观察所设置的预埋螺栓、预留空、预埋制作的位置是否位移，若发现应及时纠正。还应注意模板、支架情况，若变形或沉陷应由技术人员立即校对并加固。
17. 水平钢筋的接头也应内外、上下互相错开。
18. 施工前应搭好脚手架及作业平台，脚手架搭设必须由专业工人操作。脚手架及工作平台外侧设栏杆，栏杆不少于两道，防护栏杆须高出平台顶面 1.2 米以上，并用防火阻燃密目网封闭。脚手架作业面上脚手板与龙骨固定牢固，并设挡脚板。
19. 采用吊斗浇筑混凝土时，吊斗升降应设专人指挥。落斗前，下部的作业人员必须躲开，不得身倚栏杆推动吊斗。
20. 高处作业时，上下应走马道(坡道)或安全梯。梯道上防滑条宜用木条制作。
21. 模板及脚手架的拆除应在技术人员指导下进行；暂停拆模时，必须将活动件支稳后方可离开现场。</td></tr>
<tr><td colspan="6">重点强调：
1. 混凝土入模时，卸料位置下方严禁有人。
2. 采用吊斗浇筑混凝土时，吊斗升降应设专人指挥。落斗前，下部的作业人员必须躲开，不得身倚栏杆推动吊斗。
3. 高处作业时，上下应走马道(坡道)或安全梯。梯道上防滑条宜用木条制作。
4. 暂停拆模时，必须将活动件支稳后方可离开现场。</td></tr>
<tr><td>审核人</td><td></td><td>交底人</td><td></td><td>接受交底负责人</td><td></td></tr>
<tr><td colspan="6">作业班组全体签名：</td></tr>
</table>

第5章 上部结构施工

5.1 梁体结构施工

梁体结构支架现浇施工安全交底

编号：

施工单位	
工程名称	
分部分项工程	
工　　种	

交底内容：

一、主要危险源与危害因素

1. 高处作业(高度超过2米)时未系好安全带。
2. 施工过程中违章用电，私搭乱接电线。
3. 材料堆放在可能从结构掉落的结构边缘处。
4. 搭设支架时未按技术要求尺寸搭设或者支架搭设不符合要求。
5. 在施工现场吸烟。
6. 吊装钢筋或者模板时，工人在吊装物下停留或者走动。
7. 配合吊车作业时，进入吊车回转半径范围内。
8. 工人私自拆卸支架。
9. 支架与模板拆除时乱拆乱扔。

二、安全注意事项

1. 高处作业必须系好安全带。
2. 严禁施工过程中违章用电，严禁私拉乱接电线。
3. 进入施工现场时必须戴好安全帽。
4. 严禁材料堆放在结构边缘处，防止材料从结构边缘掉落。
5. 严禁在施工现场吸烟。
6. 吊装材料时，严禁工人在吊装材料下停留或者走动。
7. 配合吊车作业时，吊车回转半径范围内不得有人或者障碍物。
8. 严禁工人私自拆卸结构支架，以免造成支架结构不稳定。
9. 支架与模板拆除时按指定位置堆放好，严禁乱拆乱扔。

续上表

<table>
<tr><td colspan="6">10. 支架搭设前，需要技术人员在对基底承载力、强度、刚度、挠度和稳定性进行验算，确定基础的形式、杆件的间距、数量和预留起拱度，确定支架强度安全系数大于 1.4，稳定性安全系数大于 1.5 后，作业人员方可施工。
11. 在支架周边设排水沟，设置横坡度，保证区内不积水。
12. 每根立杆必须垂直稳放在钢垫板上，并须按技术要求搭设牢固。
13. 搭设结构支架时按技术要求尺寸搭设牢固。
14. 立杆禁止错开搭接，须进行对接时两根相邻立杆的接头相互错开不设置在同步内，同步内每根立杆的两个相隔接头在高度方向错开的距离按技术规定操作
15. 钢管上严禁打孔，竖直钢管底座支垫铜板。
16. 应在外侧立面整个长度和高差上连接设置剪力撑，剪力撑应按技术要求进行架设，剪刀撑斜杆应用旋转扣件中心线至主节点的距离不宜大于规定限值。
17. 支架搭设完毕合格后方可铺设底模，在进行预加载试压，检查支架的承载能力，减小和消除支架的非弹性变形和地基不均匀沉降后才能进行下一步施工工序。
18. 采用大块钢模板时，特殊部位模板要制作特型模板，模板排列规则有序，模板缝隙严密平整，支撑牢靠，满足强度和刚度的要求。
19. 模板必须确保采用具有足够的强度、刚度及稳定性，能够承受施工过程中可能产生的各项荷载及振动作用。
20. 模板拆除时按照先装后拆，后装先拆的顺序进行拆除，并按规定堆放好。
21. 现浇施工中随时观察模板的变形及沉降观测，发现问题及时处理。现浇梁的浇筑最好在视线良好的时间进行。</td></tr>
<tr><td colspan="6">重点强调：
1. 搭设结构支架时按技术要求尺寸搭设牢固。
2. 高处作业(高度超过 2 米)时系好安全带。
3. 用电必须规范。
4. 进入施工现场时必须戴好安全帽。
5. 在技术人员指定位置堆放材料。
6. 严禁在施工现场吸烟。
7. 吊装钢筋或者模板时，禁止人员在吊装物下停留或者走动。
8. 配合吊车作业时，禁止进入吊车回转半径范围内。
9. 禁止工人私自拆卸结构支架。
10. 模板拆除时按照先装后拆，后装先拆的顺序进行拆除，并按规定堆放好。</td></tr>
<tr><td>审核人</td><td></td><td>交底人</td><td></td><td>接受交底负责人</td><td></td></tr>
<tr><td colspan="6">作业班组全体签名：</td></tr>
</table>

梁体结构挂篮悬浇施工安全交底

编号：

施工单位	
工程名称	
分部分项工程	
工　　种	

交底内容：

一、主要危险源与危害因素

1. 高处（大于2米）作业时未系好安全带。

2. 钢筋加工过程中乱堆、乱放、乱扔，未正确操作、使用钢筋加工机械。

3. 起重作业时，起重机操作人员操作不当或者起重设备不符合安全规定。

4. 施工作业时高空抛物。

5. 吊装钢筋时，工人在吊装物下停留或者走动。

6. 配合吊车作业时，进入吊车回转半径范围内。

7. 在未设防护措施的梁体结构边缘游荡、打闹。

二、安全注意事项

1. 严禁钢筋施工过程中乱堆、乱放、乱扔；正确操作、使用钢筋加工机械。

2. 高处（2米及以上）作业时必须系好安全带。

3. 严禁吊装作业时，工人在吊装物下停留或走动。

4. 配合吊车作业时，严禁进入吊车回转半径范围内。

5. 悬臂浇筑采用桁架挂篮施工时，应遵守下列规定：

（1）要经过安全培训并考核合格；

（2）在墩上进行零号块施工并以斜拉托架做施工平台时，在平台边缘处，必须在技术人员指导下安装安全防护设施后，再进行施工；墩身两侧斜拉托架平台之间搭设的人行道板必须连接牢固；

（3）使用的机具设备（如千斤顶、滑车、手拉葫芦、钢丝绳等），在使用前应进行检查，严禁使用不符合安全规定的；

（4）严格按技术人员要求操作，保证墩身预埋件和斜拉钢带的位置及坚固程度。

6. 挂篮施工跨越城市主干道时，应在技术人员指导下采取有效安全措施，防止坠物。

7. 起重作业时，严禁施工人员操作不当或者起重设备不符合安全规定。

8. 双层作业时，操作人员必须严守各自岗位职责，并应防止物件、工具等掉落。

9. 严禁在未设防护措施的梁体或者模架边缘走动；严禁在施工现场打闹。

10. 挂篮拼装及悬臂组装时，在作业点设置安全防护设施后方可施工。

11. 严禁高空抛物。

12. 挂篮使用时，后锚固筋、张拉平台的保险绳等应经常检查。底模标高调整时作业人员应站在铺设稳固的脚手板上。

续上表

<table>
<tr><td colspan="6">13. 挂篮行走时，要缓慢进行，速度宜控制在 0.1 米/分钟以内。挂篮后部各设一组溜绳，以保安全。滑道要铺设平整、顺直，不得偏移。
14. 如需在挂篮上另行增加设施（如防雨棚、立并架、防寒棚等）时，不得损坏挂篮结构及改变其受力形式。
15. 在底模移动前，必须详细检查挂篮位置、后端压重、后锚及吊杆安装情况，确认安全后，方可移动。
16. 箱梁混凝土接触面的凿毛作业人员必须做好安全防护设施。
17. 滑动斜拉式挂篮施工，应遵守下列规定：
(1)滑动斜拉式挂篮使用的所有活动铰、销、斜拉钢带等，须有检验标记；
(2)挂篮安装时或主梁行走到位后，应先安装好锚固和水平限位装置，再安装斜拉带和悬挂底摸平台；
(3)底模和侧模沿滑梁行走前，需将斜拉带和后吊带拆除；用手拉葫芦起降和悬吊底摸平台时，必须在挂手拉葫芦的位置加设保险绳；
(4)挂篮行走前应检查后锚固及各部受力情况，发现隐患应及时处理。行走时亦应密切注意有无异状，并慢速稳步到位；
(5)在技术人员对挂篮锚固、水平限位、吊带和限位装置进行全面检查后进行混凝土浇筑。</td></tr>
<tr><td colspan="6">重点强调：
1. 吊装作业时须按规定正确操作。
2. 高处(2 米及以上)作业时必须系安全带。
3. 挂篮安装时应严格按照安装工艺流程进行，并严格执行高空吊装作业的相关规定。
4. 严禁高空抛物。
5. 挂篮拆除时，应按自下而上，先内后外的顺序进行。
6. 严格执行高空作业的有关规定，当双层作业时，操作人员必须严格遵守各自岗位职责，防止疏漏。
7. 大风、大雪及大雨雷电天气禁止施工。
8. 严禁在未设有安全防护措施的梁体或者模架边缘走动。</td></tr>
<tr><td>审核人</td><td></td><td>交底人</td><td></td><td>接受交底
负责人</td><td></td></tr>
<tr><td colspan="6">作业班组全体签名：</td></tr>
</table>

单导梁、墩顶龙门架安装预制梁构件施工安全交底

编号：

施工单位	
工程名称	
分部分项工程	
工　　种	

交底内容：

一、主要危险源与危害因素

1. 在装配式构件梁板的安装过程中要服从统一指挥，参与施工难度和危险性较大的作业项目之前要经过专门的安全培训。

2. 施工过程中违章用电，私搭乱接电线。

3. 患有心脏病、高血压、癫痫以及贫血症等患者及年老体弱者，从事高处作业。

4. 睡眠不足者或者醉酒人员进入施工现场作业。

5. 高处(2 米及以上)作业人员在未做好防护措施且未系好安全带的情况下施工作业。

6. 在没有照明或者照明条件不充分的条件下进行夜间架梁作业；夜间工作灯未使用安全电压。

7. 墩顶龙门架运行和吊装时，墩顶龙门架轨道有影响龙门架行走的物体材料或者行人；有人员在吊装构件下穿行或停留。

8. 隔空抛接物；器具材料放置在结构边缘处；施工作业人员在未设防护或者防护措施不到位的结构边缘行走。

二、安全注意事项

1. 进入施工现场时必须戴好安全帽。

2. 严禁施工过程中违章用电，严禁私拉乱接电线。

3. 严禁患有心脏病、高血压、癫痫以及贫血症等患者及年老体弱者，从事高处作业。

4. 严禁睡眠不足或者醉酒人员进入施工现场作业。

5. 高处(2 米及以上)作业人员必须做好防护措施系好安全带。

6. 严禁在照明不充分的条件下进行夜间架梁作业。

7. 墩顶龙门架运行和吊装时，墩顶龙门架轨道上必须没有影响龙门架行走的材料或者行人，确保在吊装构件下没有人员穿行或停留。

8. 严禁隔空抛接物；严禁器具材料放置在结构边缘处；严禁施工作业人员在未设防护或者防护措施不到位的结构边缘行走。

9. 吊装偏心构件时，应使用可调整偏心的吊具进行吊装，安装的构件应平起稳落。

10. 单导梁、墩顶龙门架安装构件时，应符合下列规定：

(1)导梁组装时，各节点应联结牢固，在桥跨中推进时，悬臂部分不得超过规定限值。

(2)导梁接近导轮时，应采取渐进的方法进入导轮。导梁推进到位后，用千斤顶顶升，将导梁置于稳定的木垛上。

续上表

(3)导梁上的轨道应平行等距铺设,使用不同规格的钢轨时,其接头处应妥善处理,不得有错台。

(4)墩顶龙门架使用托架托运时,托架两端应保持平衡稳定,行进速度应缓慢。龙门架落位后应立即与墩顶预埋件联结,并系好缆风绳。

(5)构件在预制场地起重装车后,牵引至导梁时,行进速度不得大于规定速度,到达安装位置后,车行走轮应用木楔楔紧。

(6)构件起吊横移就位后,应加设支撑、垫木,以保持构件稳定。

(7)龙门架顶横移轨道的两端应设置制动枕木。

(8)吊钩的中心线,必须通过吊体的重心,严禁倾斜吊卸构件。吊装偏心构件时,应使用可调整偏心的吊具进行吊装。安装的构件必须平起稳落,就位准确,与支座密贴。

(9)起吊大型及有突出边棱的构件时,应在钢丝绳与构件接触的拐角处设垫衬。起吊时,离开作业地面0.1米后,暂停起吊,经检查确认安全可靠后,方可继续起吊。

11. 龙门架、架桥机等设备拆除前应切断电源。拆除龙门架时应将龙门架底部垫实,并在龙门架顶部拉好缆风绳和安装临时连接梁。拆下的杆件、螺栓、材料等应捆好向下吊放。

重点强调:

1. 规范用电,严禁私搭乱接电线。

2. 进入施工现场时必须戴好安全帽。

3. 严禁患有心脏病、高血压、癫痫以及贫血症等患者及年老体弱者,从事高处作业。

4. 严禁睡眠不足或者醉酒人员进入施工现场作业。

5. 高处(2米及以上)作业人员必须做好防护措施系好安全带。

6. 严禁在照明不充分的条件下进行夜间架梁作业。

7. 墩顶龙门架运行和吊装时,墩顶龙门架轨道上必须没有影响龙门架行走的物体材料或者行人,确保在吊装构件下没有人员穿行或停留。

8. 严禁隔空抛接物;严禁器具材料放置在结构边缘处;严禁施工作业人员在未设防护或者防护措施不到位的结构边缘行走。

审核人		交底人		接受交底负责人	

作业班组全体签名:

千斤顶顶升梁体构件装车及双导梁桁梁安装梁体构件施工安全交底

编号：

施工单位	
工程名称	
分部分项工程	
工　　种	

交底内容：

一、主要危险源与危害因素

1. 施工过程中违章用电，私拉乱接电线。

2. 患有心脏病、高血压、癫痫以及贫血症等患者及年老体弱者，从事高处作业。

3. 睡眠不足造成注意力不集中或者醉酒人员进入施工现场作业。

4. 高处（2 米及以上）作业人员在未做好防护措施并未系好安全带的情况下施工作业。

5. 在照明条件不充分的条件下进行夜间架梁作业。

6. 千斤顶顶升构件装车时作业人员进入梁体提升端下部操作，梁体另一端未支稳、撑牢。

7. 双导梁行进时不平稳，速度超过规定最大速度。

二、安全注意事项

1. 规范用电，严禁私搭乱接电线。

2. 进入施工现场必须戴好安全帽。

3. 严禁患有心脏病、高血压、癫痫以及贫血症等患者及年老体弱者，从事高处（2 米及以上）作业。

4. 严禁睡眠不足或者醉酒人员进入施工现场作业。

5. 严禁高处（2 米及以上）作业人员在未做好防护措施并未系好安全带的情况下施工作业。

6. 严禁在照明不充分的条件下进行夜间架梁作业，夜间工作灯须使用安全电压。

7. 严禁千斤顶顶升构件装车时作业人员进入梁体提升端下部操作，严禁在梁体另一端未支稳、撑牢情况下顶升构件。

8. 双导梁行进作业时须平稳，慢速。

9. 作业人员在装配式构件梁板的安装时要听从统一指挥，在施工难度和危险性较大的作业项目施工前要做好组织培训。

10. 吊装偏心构件时，应使用可调整偏心的吊具进行吊装，安装的构件应平起稳落。

11. 采用千斤顶顶升构件装车及双导梁桁梁安装构件时，应符合下列规定：

（1）千斤顶起重吨位不得小于顶升构件的规定倍数。千斤顶一次顶升高度应为活塞行程的 1/3。

（2）千斤顶的升降应随时加设或抽出保险垫木，构件底面与保险垫木间的距离宜控制在规定范围之内。

续上表

(3)构件进入落梁架(或其他装载工具)横移到位时,应保持构件在落梁时的平衡稳定。

(4)顶升 T 梁、箱梁等大吨位构件时,必须在梁两端加设支撑;构件两端不得同时顶起或下落,一端顶升时,另一端应支稳、撑牢。

(5)预制场和墩顶装载构件的滑移设备要有足够的强度和稳定性,牵引(或顶推)构件滑移时,施力要均匀。

(6)双导梁向前推进中,应保持两导梁同速进行;各岗位作业人员要精心工作,听从专人指挥,发现问题及时处理。

12. 龙门架、架桥机等设备拆除前应切断电源。拆除龙门架时应将龙门架底部垫实,并在龙门架顶部拉好缆风绳和安装临时连接梁。拆下的杆件、螺栓、材料等应捆好向下吊放。

重点强调:

1. 规范用电,严禁私搭乱接电线。

2. 进入施工现场必须戴好安全帽。

3. 严禁患有心脏病、高血压、癫痫以及贫血症等患者及年老体弱者,从事高处(2 米及以上)作业。

4. 严禁睡眠不足或者醉酒人员进入施工现场作业。

5. 严禁高处(2 米及以上)作业人员在未做好防护措施并未系好安全带的情况下施工作业。

6. 严禁在照明不充分的条件下进行夜间架梁作业,夜间工作灯须使用安全电压。

7. 严禁千斤顶顶升构件装车时作业人员进入梁体提升端下部操作,严禁在梁体另一端未支稳、撑牢情况下顶升构件。

8. 双导梁行进作业时须平稳,慢速。

审核人		交底人		接受交底负责人	

作业班组全体签名:

架桥机安装梁体构件施工安全交底

编号：

施工单位	
工程名称	
分部分项工程	
工　种	

交底内容：

一、主要危险源与危害因素

1. 在移动的运梁小车作业范围内走动、停留或穿行。

2. 患有心脏病、高血压、癫痫以及贫血症等患者及年老体弱者，从事高处作业。

3. 睡眠不足或者醉酒人员进入施工现场作业。

4. 未按规定穿戴安全防护用品进入架梁施工现场进行作业。

5. 夜间作业照明不良。

二、安全注意事项

1. 施工作业人员禁止在移动或者即将移动的运梁小车作业范围内走动、停留、穿行。

2. 禁止患有心脏病、高血压、癫痫以及贫血症等患者及年老体弱者，从事高处作业。

3. 严禁睡眠不足或者醉酒人员进入施工现场作业。

4. 架梁作业人员在按规定穿戴安全防护用品的情况下才能进入施工现场进行作业。

5. 夜间架梁作业时必须照明充分，照明条件不好时严禁施工作业。

6. 照明用电必须使用安全电压。

7. 进行装配式构件梁板的安装，须参加施工前的作业项目组织培训。

8. 吊装偏心构件时，应使用可调整偏心的吊具进行吊装，安装的构件应平起稳落。

9. 架桥机安装构件时，应符合下列规定：

(1)架桥机组拼、悬臂牵引中的平衡稳定及机具配备等，须按要求进行操作。

(2)架桥机就位后，为保持前后支点的稳定，应用硬质方木支垫，严禁使用软质或腐烂的方木支垫。前后支点处，还应用缆风绳封固于墩顶两侧。

(3)构件在架桥机上纵、横向移动时，应平缓进行，卷扬机操作人员应按指挥信号协同动作。

(4)全幅宽架桥机吊装的边梁就位前，墩顶作业人员应暂时避开。

(5)横移不能一次到位的构件，操作人员应将滑道板、落梁架等准备好，待构件落入后，再进入作业点进行构件顶推(或牵引)横移等项工作。

10. 龙门架、架桥机等设备拆除前应切断电源。拆除龙门架时应将龙门架底部垫实，并在龙门架顶部拉好缆风绳和安装临时连接梁。拆下的杆件、螺栓、材料等应捆好向下吊放。

续上表

<table>
<tr><td colspan="6">重点强调：
1. 施工作业人员禁止在移动或者即将移动的运梁小车作业范围内走动、停留、穿行。
2. 禁止患有心脏病、高血压、癫痫以及贫血症等患者及年老体弱者，从事高处作业。
3. 严禁睡眠不足或者醉酒人员进入施工现场作业。
4. 架梁作业人员在按规定穿戴安全防护用品的情况下才能进入施工现场进行作业。
5. 夜间架梁作业时必须照明充分，照明条件不好时严禁施工作业。
6. 照明用电必须使用安全电压。</td></tr>
<tr><td>审核人</td><td></td><td>交底人</td><td></td><td>接受交底负责人</td><td></td></tr>
<tr><td colspan="6">作业班组全体签名：</td></tr>
</table>

跨墩龙门架安装梁体构件施工安全交底

编号：

施工单位	
工程名称	
分部分项工程	
工　　种	

交底内容：

一、主要危险源与危害因素

1. 施工过程中违章用电，私拉乱接电线。

2. 在吊装行走过程中龙门架轨道停留或休息。

3. 施工作业时隔空抛物。

4. 患有心脏病、高血压、癫痫以及贫血症等患者及年老体弱者，从事高处作业。

5. 睡眠不足或醉酒人员进入施工现场作业。

6. 大风、暴雪、浓雾或大雨时起吊作业。

7. 高处(2米及以上)作业人员在未做好防护措施的情况下施工作业。

二、安全注意事项

1. 进入施工现场时必须戴好安全帽。

2. 规范用电，严禁私拉乱接电线，电线的安装与拆除必须由专业电工进行。

3. 严禁在吊装行走过程中龙门架轨道休息或停留。

4. 严禁隔空抛物。

5. 高处作业人员必须参加岗前体检，严禁患有心脏病、高血压、癫痫以及贫血症等患者及年老体弱者从事高处作业。

6. 严禁睡眠不足或者醉酒人员进入施工现场作业。

7. 严禁大风、暴雪、浓雾或大雨时吊装作业。

8. 高处(2米及以上)作业人员必须作好防护措施并系好安全带。

9. 在装配式构件梁板的安装须服从统一指挥。

10. 在从事施工难度和危险性较大的作业项目前，必须参加岗前培训，并考核合格。

11. 吊装偏心构件时，应使用可调整偏心的吊具进行吊装，安装的构件应平起稳落。

12. 在吊装构件吊起前确定吊装构件是否挂牢。

13. 跨墩龙门架在起吊和行走过程中要平稳、慢速，任何人不得在运行的跨墩龙门架轨道休息，停留。

14. 跨墩龙门架安装构件时，构件吊至墩顶，应慢速、平稳、缓落。

15. 龙门架、架桥机等设备拆除前应切断电源。拆除龙门架时应将龙门架底部垫实，并在龙门架顶部拉好缆风绳和安装临时连接梁。拆下的杆件、螺栓、材料等应捆好向下吊放。

续上表

<table>
<tr><td colspan="6">重点强调：
1. 规范用电，严禁私拉乱接电线，电线的安装与拆除必须由专业电工进行。
2. 进入施工现场时必须戴好安全帽。
3. 严禁在吊装行走过程中龙门架轨道休息或停留。
4. 严禁隔空抛物。
5. 高处作业人员必须参加岗前体检，严禁患有心脏病、高血压、癫痫以及贫血症等患者及年老体弱者从事高处作业。
6. 严禁睡眠不足或者醉酒人员进入施工现场作业。
7. 大风、暴雪、浓雾或大雨时严禁吊装作业。
8. 高处(2 米及以上)作业人员必须作好防护措施。</td></tr>
<tr><td>审核人</td><td></td><td>交底人</td><td></td><td>接受交底
负责人</td><td></td></tr>
<tr><td colspan="6">作业班组全体签名：</td></tr>
</table>

吊车吊装简支梁、板施工安全交底

编号：

施工单位	
工程名称	
分部分项工程	
工　种	

交底内容：

一、主要危险源与危害因素

1. 睡眠不足或酒后作业。

2. 施工区域未进行安全围护，非施工作业人员进入施工现场。

3. 作业前未鸣笛警告；起吊过程中超载超速。

4. 大风(6级及以上)、暴雪、浓雾时起吊作业。

5. 起重现场与高压电线距离较近或者紧挨碰触高压线。

6. 夜间施工照明不充足，不能看清吊装位置。

7. 吊车作业时回转半径范围内有人或障碍物。

8. 高处(2米及以上)作业人员在未做好防护措施的情况下施工作业；吊装过程中在吊装物下有人员穿行或停留。

二、安全注意事项

1. 严禁睡眠不足者或者酒后作业。

2. 严禁在恶劣气候如大雨、大雪、大雾和6级以上强风时吊装作业。

3. 特殊工种(如电工、吊车司机)必须持相应证件上岗。

4. 作业前应鸣笛警告；起吊过程中严禁超载超速。

5. 起重现场必须与高压线保持安全距离。

6. 夜间施工必须保证足够的照明。

7. 吊车回转半径范围内不准有人或障碍物。

8. 操作人员时刻观察机械回转范围内配合作业人员的安全，如有人侵入时，必须停止操作；吊装过程中严禁吊装物下有人员穿行或停留，起重臂下严禁站人。

9. 作业前必须对周边环境、吊索具、防护用品的状况进行检查。确保吊装区域无闲散人员、吊索具无缺陷、捆绑正确牢固、被吊物与其他物体无连接，确认安全后方可作业。

10. 吊装作业中禁止搬动支腿操作阀。

11. 在进行吊装作业时，驾驶室内不得有人将室门锁住，防止碰动操作杆出现意外事故。

12. 出现支腿沉陷、起重机倾斜等情况时，必须立即放下吊物。经调整，消除不安全因素后方可继续作业。

13. 作业中变幅应平稳，严禁猛起猛落。

14. 吊车工作现场平整坚固，作业前应伸出全部支腿，撑脚板下方必须垫方木，调整好机体水平度，支腿定位销必须插上。

15. 遇有恶劣气候如大雨、大雪、大雾和6级以上强风时，必须停止吊装作业。

续上表

<table>
<tr><td colspan="6">16. 高处(2 米及以上)作业人员必须做好安全防护措施(如:系好安全带)。
17. 安装大型盆式橡胶支座,墩顶作业人员应待支座吊至墩顶稳定后再扶正就位。
18. 安装涵洞预制盖板时,应用撬棍等工具拨移就位;吊装涵管应绑扎牢固。
19. 施工现场设置作业警戒线,有专人看护,无关人员不得进入现场。</td></tr>
<tr><td colspan="6">重点强调:
1. 严禁酒后作业。
2. 作业前应鸣笛警告,起吊过程中严禁超载。
3. 严禁在恶劣气候如大雨、大雪、大雾和 5 级以上强风时吊装作业。
4. 特殊工种(如电工、吊车司机)必须持证上岗。
5. 起重现场必须注意架空电线,必须与高压线保持安全距离。
6. 夜间施工必须保证足够的照明。
7. 吊车回转半径范围内不准有人或障碍物。
8. 操作人员时刻观察机械回转范围内配合作业人员的安全,如有人侵入时,必须停止操作;吊装过程中严禁吊装物下有人员穿行停留,起重臂下严禁站人。
9. 高处(2 米及以上)作业人员必须做好防护措施,并系好安全带。</td></tr>
<tr><td>审核人</td><td></td><td>交底人</td><td></td><td>接受交底负责人</td><td></td></tr>
<tr><td colspan="6">作业班组全体签名:</td></tr>
</table>

顶推梁施工安全交底

编号：

施工单位	
工程名称	
分部分项工程	
工　　种	

交底内容：

一、主要危险源与危害因素

1. 高空作业人员未做好安全防护工作。

2. 顶推施工过程中，插入四氟板垫塞人员手指紧贴滑动面或者距离滑动面太近。

3. 私接乱拉电线。

4. 吊装的模板拴接不牢。

5. 城市道路上方顶推施工作业过程中，工人使用工具随意放置（易发生工具掉落伤人事故）。

二、安全注意事项

1. 高空作业人员必须做安全防护工作。

2. 严禁酒后作业。

3. 正确、合理、规范用电；严禁非电工人员接电线与拆电线。

4. 模板吊装过程中，必须拴接牢固后才能起吊。

5. 城市道路上方顶推施工作业过程中，必须放置好使用的工具；必要时挂安全防护网并有专人警戒。

6. 采用水平及竖向千斤顶调整梁体位置时，竖向千斤顶支撑应稳固。

7. 顶推施工作业过程中，四氟板垫塞插入人员在插入四氟板垫塞过程中正确操作，保持与滑动面较远距离，以防挤伤手臂。

8. 临时墩喂填滑板时注意方向及正反，四氟面朝下。顺桥向不得有间隙，损坏者不得使用。循环倒用时注意存放位置。

9. 梁体顶推过程中，当导梁到达临时墩时其最低底面可能会低于滑道面，此时需暂停顶推，使用千斤顶顶起导梁，使其导梁底面高于滑道面，并在导梁第一级台阶底面与滑道之间抄垫钢垫块，垫块下铺设四氟滑板。垫好后落顶，再开始顶推，当导梁真正底面上滑道后，再起落顶拆除垫块并正式顶推。

10. 在顶推时遇到顶推力过大而箱梁不滑动时，应暂停作业，及时分析原因，找到阻力的来源，解决后再进行作业。

11. 在顶推拉拖的过程中，必须注意观察，如发生钢绞线打绞等异常情况应及时处理。

12. 作业中涉及到的施工用电、起重作业、水上作业、临边防护等，在技术人员指导下完成。

续上表

<table>
<tr><td colspan="6">重点强调：
1. 高空作业人员必须做安全防护工作。
2. 严禁酒后作业。
3. 严禁非电工人员接电线与拆电线。
4. 模板吊装过程中，必须拴接牢固后才能起吊。
5. 顶推施工作业过程中四氟板垫塞插入人员在插入四氟板垫塞过程中正确操作，保持与滑动面较远距离，以防挤伤手臂。
6. 城市道路上方顶推施工作业过程中，必须放置好使用工具，必要时作安全防护网并有专人警戒。
7. 在顶推时遇到顶推力过大而箱梁不滑动时，应暂停作业，及时分析原因，找到阻力的来源，解决后再进行作业。</td></tr>
<tr><td>审核人</td><td></td><td>交底人</td><td></td><td>接受交底负责人</td><td></td></tr>
<tr><td colspan="6">作业班组全体签名：</td></tr>
</table>

节段拼装梁体结构施工安全交底

编号：

施工单位	
工程名称	
分部分项工程	
工　种	

交底内容：

一、主要危险源与危害因素

1. 私拉乱接电线。

2. 患有心脏病、高血压、癫痫以及贫血症等患者及年老体弱者，从事高处(2米及以上)作业。

3. 睡眠不足或者醉酒人员进入施工现场作业。

4. 龙门吊操作人员无证上岗。

5. 大风(6级及以上)、浓雾时吊装作业。

6. 高处(2米及以上)作业人员在未做好防护措施(如：未系好安全带)的情况下施工作业。

二、安全注意事项

1. 严禁私拉乱接电线；严禁非电工人员进行接线或拆线。

2. 进入施工现场必须戴好安全帽。

3. 高处作业人员必须做岗前体检，患有心脏病、高血压、癫痫以及贫血症等患者及年老体弱者，严禁从事高处作业。

4. 严禁睡眠不足或者醉酒人员进入施工现场进行作业。

5. 严禁大风(6级及以上)、浓雾时吊装作业。

6. 钢箱梁起吊前要先试吊。

7. 钢箱梁悬拼过程中，箱梁内应保持通风，使用安全照明。

8. 已拼好和在拼接的桥面钢箱梁四周必须在技术人员指导下安装安全防护栏。

9. 高处(2米及以上)施工作业人员，必须在安全技术人员的指导下做好安全防护措施，并系好安全带。

10. 合龙段最后一块钢箱梁起吊，由两边二台相对的架桥机各起吊一侧的吊点，同时到达水平位置以后，进行临时对接固定，经技术人员确定焊接作业基箱体达到整体强度要求后，方可脱钩。

11. 龙门吊的轨道基础安装要牢固。操作人员必须持相应证件上岗。

12. 龙门吊、架桥机的操作人员，应在每日工作前对行程限位、紧急停止、驱动制动等各安全装置进行检查，正常运转后方可使用。

13. 梁板吊装前对所用吊具、索具进行仔细检查，不合标准立即更换。梁板吊装时要严格执行试吊程序；起吊时梁板和龙门吊下严禁站人。

14. 进行梁段接缝处理作业的人员，必须在安全技术人员指导下采取相应的防护措施后，方可进行作业。

续上表

<table>
<tr><td colspan="6">重点强调：
1. 严禁私拉乱接电线；严禁非电工人员进行接线或拆线。
2. 进入施工现场的人员必须戴好安全帽。
3. 高处作业人员必须做岗前体检，患有心脏病、高血压、癫痫以及贫血症等患者及年老体弱者，严禁从事高处作业。
4. 严禁睡眠不足或者醉酒人员进入施工现场作业。
5. 龙门吊的轨道基础安装要牢固。操作人员必须持证上岗。
6. 梁板吊装前对所用吊具、索具进行仔细检查，不符合标准的应立即更换。梁板吊装时要严格执行试吊程序；起吊时梁板和龙门吊下严禁站人。
7. 高处(2 米及以上)施工作业人员，必须在安全技术人员的指导下做好安全防护措施，并系好安全带。</td></tr>
<tr><td>审核人</td><td></td><td>交底人</td><td></td><td>接受交底
负责人</td><td></td></tr>
<tr><td colspan="6">作业班组全体签名：</td></tr>
</table>

5.2 桥面施工

明桥面桥的桥面系施工安全交底

编号：

施工单位	
工程名称	
分部分项工程	
工　　种	

交底内容：

一、主要危险源与危害因素

1. 明桥面施工期间，桥下确需人员及机械设备停留或通过的，未在桥下增设防护棚架。

2. 使用未经防漏触电处理的漏电机械。

3. 在雷雨天时露天作业。

4. 人车混合作业时，不听从安全人员指挥。

二、安全注意事项

1. 必须参加岗前安全教育培训，考核合格后方可上岗。

2. 用电机械接电必须由专业电工人员进行操作。

3. 进入施工现场必须戴好安全帽；并正确使用个人劳动防护用品。

4. 桥面铺设前，应在两侧设防护栏杆，防止有人员从桥面掉落摔伤。

5. 围栏、吊篮、人行道和避车台支架的安装，应采用跨度不大于 2 米的挂钩脚手架，脚手板须牢固固定在脚手架上。

6. 明桥面施工期间，桥下严禁人员及机械设备停留或通过，确需通过的应在桥下增设防护棚架。

7. 人行道板安装时，正反两面应放置正确，安装牢固。桥面的检查梯孔口盖板，应随时盖好，防止人员掉落。

8. 遮板施工时，桥下应设防护。遮板吊装就位并与预埋钢筋焊接牢固后，方可松除吊钩。

9. 严禁使用漏电机械；严禁使用不经防漏触电处理的漏电机械。

10. 在雷雨时必须停止露天作业，预防雷击伤人。

11. 在有工程列车通过的桥上安装作业时，应安排专人防护，加强人员、材料、机具管理，及时下道避车，防止侵限。

12. 施工期间，桥头应封闭或有人看守，禁止闲杂人员上桥。

13. 大风、暴雨和雷电天气应停止施工，并切断电源，保护好各种设备。

14. 使用轻型小车装运材料时，两车前后车距不得小于 2 米，上下坡道时两车距不得小于 10 米。

15. 人车混合作业时，必须听从安全人员指挥，保证施工安全运行。

续上表

重点强调：

1. 用电机械接电必须由专业电工人员进行操作。

2. 明桥面施工期间，桥下严禁人员及机械设备停留或通过，确需通过的应在桥下增设防护棚架。

3. 严禁使用漏电机械；严禁使用不经防漏触电处理的漏电机械。

4. 在雷雨时必须停止露天作业。

5. 人车混合作业时，必须听从安全人员指挥。

审核人		交底人		接受交底负责人	

作业班组全体签名：

非明桥面桥的桥面系安全交底

编号：

施工单位	
工程名称	
分部分项工程	
工　　种	

交底内容：

一、主要危险源与危害因素

1. 严禁在施工现场打闹、追逐。

2. 作业时不准往下或向上乱抛材料和工具等物件。

3. 雷雨时未停止露天作业。

4. 漏电机械，不经防漏触电处理，带病使用。

5. 施工期间，桥头未封闭或派专人看守，闲杂人员随意上桥。

二、安全注意事项

1. 必须参加岗前安全教育培训，考核合格后方可上岗。

2. 进入施工现场必须戴好安全帽；并正确使用个人劳动防护用品。

3. 桥面铺设前，应在两侧设防护栏杆，防止有人员从桥面掉落摔伤。

4. 严禁在施工现场打闹、追逐。

5. 作业时不准往下或向上乱抛材料和工具等物件。

6. 雨期施工时，各种电动机械设备必须有可靠有效的安全接地和防雷装置，方能开动使用。

7. 严禁使用漏电机械；严禁使用不经防漏触电处理的漏电机械。

8. 不懂电气和机械的人员，严禁使用和玩弄机电设备。

9. 在雷雨时必须停止露天作业，预防雷击钢筋伤人。

10. 围栏、吊篮、人行道和避车台支架的安装，应采用跨度不大于 2 米的挂钩脚手架，脚手板必须牢固固定在脚手架上。

11. 人行道板安装时，正反两面应放置正确，安装牢固。桥面的检查梯孔口盖板，应随时盖好，防止人员掉进检查梯孔口。

12. 遮板施工时，桥下应设防护。遮板吊装就位并与预埋钢筋焊接牢固后，方可松除吊钩。

13. 施工期间，桥头应封闭或派人看守，禁止闲杂人员上桥。

14. 大风、暴雨和雷电天气应停止施工，并切断电源，保护好各种设备。

15. 使用轻型小车装运材料时，两车前后车距不得小于 2 米，上下坡道时两车距不得小于 10 米。

续上表

<table>
<tr><td colspan="6">重点强调：
1. 严禁在施工现场打闹、追逐。
2. 作业时不准向下或向上乱抛材料和工具等物件。
3. 在雷雨时必须停止露天作业。
4. 严禁使用漏电机械；严禁使用不经防漏触电处理的漏电机械。
5. 施工期间，桥头应封闭或派人看守，禁止闲杂人员上桥。</td></tr>
<tr><td>审核人</td><td></td><td>交底人</td><td></td><td>接受交底负责人</td><td></td></tr>
<tr><td colspan="6">作业班组全体签名：</td></tr>
</table>

声屏障施工安全交底

编号：

施工单位	
工程名称	
分部分项工程	
工　　种	

交底内容：

一、主要危险源与危害因素

1. 酒后作业。

2. 装卸过程中，在吊装的单元板下停留或走动。

3. 高处作业时安全防护措施不到位。

4. 在有工程列车通过的桥上安装作业时，未及时下道避车。

二、安全注意事项

1. 必须参加安全教育培训，考核合格后方可进入施工现场作业。

2. 严禁酒后作业。

3. 单元板存放、运输及装卸过程中，应保证板正立，使用临时支架应保证单元板不受损伤。装卸时各吊点或支点应位于同一平面。

4. 装卸过程中，禁止在吊装的单元板下停留或走动。

5. 高处作业时必须在安全技术人员指导下做好安全防护措施(如：做好防风措施)。

6. 城市高架桥梁在施工时，在其下部必须在安全技术人指导下采取安全防护措施。

7. 大风，大雨天气禁止施工作业。

8. 在有工程列车通过的桥上安装作业时，应有专人防护，加强材料、机具管理；有车辆通过时，及时下道避车，防止侵限。

9. 施工期间，桥头应封闭或有看守，禁止闲杂人员上桥。

重点强调：

1. 严禁酒后作业。

2. 装卸过程中，禁止在吊装的单元板下停留或走动。

3. 高处作业时必须在安全技术人员指导下做好安全防护措施(如：系好安全带，做好防风措施)。

4. 在有工程列车通过的桥上安装作业时，应有专人防护，加强材料、机具管理；有车辆通过时，及时下道避车，防止侵限。

审核人		交底人		接受交底负责人	

作业班组全体签名：

5.3　塔身及塔索安装施工

塔身施工安全交底

编号：

施工单位	
工程名称	
分部分项工程	
工　　种	

交底内容：

一、主要危险源与危害因素

1. 酒后作业。

2. 患有高血压、心脏病、低血糖、恐高症等高空作业禁忌症的人员，进行高空作业。

3. 塔身、横梁施工的悬空作业处未挂设安全网。

4. 在未设安全防护设施的塔身或者承台边缘走动。

5. 进行横梁支撑体系的安拆作业时，塔身上、下施工作业不协调（易导致上部物件坠落伤人）。

6. 高空作业时上下抛掷工具及物件。

二、安全注意事项

1. 所有施工人员必须参加岗前培训，考核合格后方可上岗作业。

2. 严禁酒后作业。

3. 所有从事高塔施工人员岗前都必须进行健康检查，凡患有高血压、心脏病、低血糖、恐高症等高空作业禁忌症的，不得进行高空作业。

4. 凡服用含有麻醉、安眠成分药剂的人员，在药性有效期间不得安排高处（2 米及以上）作业。

5. 当自然风力大于（等于）6 级或遇霜雪、浓雾、雷雨等恶劣气候时，应暂停施工。

6. 塔身、横梁施工的悬空作业处必须挂设安全网，安全网的规格及搭设方式必须听从安全技术人员的指导。

7. 索塔施工中，各处施工人员均应保持有效的通信联络。

8. 严禁在未设安全防护设施的塔身或者承台边缘走动。

9. 高空作业所需的工具，应放在工具包内，材料及小型设备应临时加固，严禁上下抛掷工具及物件。氧气、乙炔应分类装入吊篮吊运，作业平台处的氧气、乙炔瓶应用绳索加固绑扎，防止滚动和坠落。

10. 爬架上不得堆放重物及大型设备，避免爬架平台超负荷或荷载分布不均衡而引起爬架倾覆及局部损坏。

11. 进行横梁支撑体系的安拆作业时，必须做好与塔身上、下施工作业安全协调工作，特别防范上部物件坠落伤人。

续上表

<table>
<tr><td colspan="6">12. 高空对接套筒时，操作人员一定要站在搭设的平台上，不得站在横板上操作，平台脚手板不得有探头、空头等现象。
13. 孔道灌浆应严格按规定压力进行，操作人员应戴好防护眼镜，以防水泥浆喷出伤及操作人员的脸部和眼睛。</td></tr>
<tr><td colspan="6">重点强调：
1. 严禁酒后作业。
2. 所有从事高塔施工人员岗前都必须进行健康检查，凡患有高血压、心脏病、低血糖、恐高症等高空作业禁忌症的，不得进行高空作业。
3. 塔身、横梁施工的悬空作业处必须挂设安全网，安全网的规格及搭设方式必须听从安全技术人员的指导。
4. 严禁在未设安全防护设施的塔身或者承台边缘走动。
5. 进行横梁支撑体系的安拆作业时，必须做好与塔身上、下施工作业安全协调工作，特别防范上部物件坠落伤人。
6. 孔道灌浆应严格按规定压力进行，操作人员应戴好防护眼镜，以防水泥浆喷出伤及操作人员的脸部和眼睛。
7. 高空作业所需的工具，应放在工具包内，材料及小型设备应临时加固，严禁上下抛掷工具及物件。</td></tr>
<tr><td>审核人</td><td></td><td>交底人</td><td></td><td>接受交底
负责人</td><td></td></tr>
<tr><td colspan="6">作业班组全体签名：</td></tr>
</table>

斜拉索安装施工安全交底

编号：

施工单位	
工程名称	
分部分项工程	
工　　种	

交底内容：

一、主要危险源与危害因素

1. 工人酒后施工作业。

2. 索盘架放在放索船边缘。

3. 成品缆索放索时未设制动装置。

4. 施工过程中，工人手臂距离卷扬机缆索太近或者碰触缆索。

5. 在挂边跨合龙桥面压索时，人员站在桥面边缘处。

6. 高空作业时未做好防护措施，且未系安全带。

7. 用塔吊（或卷扬机）把斜拉索吊至桥面孔口两副夹片螺栓未拧紧或使用坏丝滑丝的螺栓。

二、安全注意事项

1. 岗前参加培训，考核合后方可上岗作业。

2. 进入施工现场必须戴安全帽。

3. 严禁工人酒后施工作业。

4. 高空作业必须做好安全防护措施，且系好安全带。

5. 缆索采用水上运输时应注意：

(1)索盘架在船上放置注意放索船垫板，要保持放索船的平衡，防止索船随放索变化而偏心倾覆。

(2)上索船的索架必须焊牢，索架的四个承重点必须焊在船的主要骨架上，索架两边应焊斜支撑，确保索架的稳固。

(3)上索船的平衡可用水箱调平，控制索盘旋转的卷扬机应固定好，钢丝绳导向必须牢固，控制索盘旋转的钢丝绳必须与索盘垂直。

6. 成品缆索放索时应设制动装置，防止卷盘的缆索自由散开伤人。

7. 施工过程中，严禁工人手臂距离卷扬机缆索太近或碰触缆索。

8. 用塔吊（或卷扬机）把斜拉索吊至桥面孔口时，须上两副夹片，且夹片螺栓必须拧紧。

9. 在挂边跨合龙桥面压索时，人员应站在桥中心面，严禁站桥边，防止夹片滑松，索松回伤人。

10. 塔肢挂索前要检查塔顶卷扬机的性能是否完好、卷扬机与塔顶平台的连接焊缝、导向轮钢丝绳是否有裂纹或断丝，确认无误方能进行塔肢挂索。

11. 塔内框的脚手架稳定可靠，操作平台必须满铺并捆扎牢固。每提升一次操作平台，必须在平台下面挂好安全网，索孔内严禁掉物至桥面。

续上表

<table>
<tr><td colspan="6">12. 软牵引斜拉索，牵引头的夹片应上平整，封钢绞线的钢板螺栓必须拧紧，严禁使用坏丝滑丝的螺栓。
13. 桥面挂篮压索前应检查桥面卷扬机的性能，其锚固绳卡是否松动，钢丝绳是否断丝，钢丝绳走向是否与其他物体相摩擦。
14. 压索前，检查张拉机构是否正常，连接丝杆与斜拉索应顺直，严禁使用变形和损伤的连接杆作业。
15. 塔肢内放软牵引索时，必须与起吊的卷扬机配合好，严禁不同步放索，千斤顶每放一次钢绞线，保险夹片必须上好，确保放索安全。
16. 叉头、连接杆安装时，不得用手去摸，安装好之后，连接杆与斜拉索保持顺直，严禁连接杆不直。
17. 斜拉索挂好之后，在拆卸斜拉索起吊夹片时，采用的吊笼要牢固，用四点吊。其底部用铁皮满封，防止零星物坠落伤人，拆卸操作人员必须挂好安全带。斜拉索起吊夹片下严禁站人。风力在6级(含)以上禁止作业。</td></tr>
<tr><td colspan="6">重点强调：
1. 严禁工人酒后施工作业。
2. 索盘架在船上放置注意放索船垫板，要保持放索船的平衡，防止索船随放索变化而偏心倾覆。
3. 成品缆索放索时应设制动装置，防止卷盘的缆索自由散开伤人。
4. 施工过程中，严禁工人手臂距离卷扬机缆索太近或者碰触缆索。
5. 在挂边跨合龙桥面压索时，人员应站在桥中心面，严禁站桥边，防止夹片滑松，索松回伤人。
6. 用塔吊(或卷扬机)把斜拉索吊至桥面孔口时，两副夹片螺栓必须拧紧；严禁使用坏丝滑丝的螺栓。
7. 斜拉索挂好之后，在拆卸斜拉索起吊夹片时，采用的吊笼要牢固，用四点吊。其底部用铁皮满封，防止零星物坠落伤人，拆卸操作人员必须挂好安全带。斜拉索起吊夹片下严禁站人。风力在6级(含)以上禁止作业。</td></tr>
<tr><td>审核人</td><td></td><td>交底人</td><td></td><td>接受交底负责人</td><td></td></tr>
<tr><td colspan="6">作业班组全体签名：</td></tr>
</table>

悬索安装施工安全交底

编号：

施工单位	
工程名称	
分部分项工程	
工　　种	

交底内容：

一、主要危险源与危害因素

1. 在猫道施工时未系好安全带或者使用的安全带有瑕疵。

2. 卷扬机工作过程中，用手碰触钢丝绳。

3. 索夹吊运行过程中天车运行不平稳；索夹的下方和前方有人。

4. 索夹安装作业时，将手伸入索股与索夹之间。

二、安全注意事项

1. 在猫道施工人员必须在正确使用合格安全带的情况下施工作业。

2. 卷扬机操作人员必须按要求进行操作，严禁将手伸到卷扬机钢丝绳间或者用手碰触钢丝绳。

3. 索夹安装作业时，严禁作业人员将手伸入索股与索夹之间。

4. 严禁猫道中作业人员集中作业，严禁前进步伐一致形成共振。

5. 索夹安装作业时，要加强作业区域下方的警戒，安排专人监督控制，中跨江面作业时，要加强江面过往船舶的瞭望，保证船舶的交通安全。

6. 猫道临边应设1.5米高护栏，护栏水平杆数量及立杆间距要符合施工技术要求，各节点必须连接牢靠。

7. 主缆施工：

(1)猫道中作业人员不得集中，避免步伐一致形成共振。

(2)在索鞍区段内，索股整形应在松弛状态下进行，保持钢丝平顺，不得交叉、扭转、损伤。

(3)桥下存在道路通行或架空线路等，须要按规定要求划定防护区域，并在安全技术人员指导下设置相关安全防护措施。

8. 索夹吊运行过程中天车运行必须平稳，严禁索夹的下方和前方有人。

9. 索夹与吊索：

(1)主缆索夹安装作业前，卷扬机操作人员要进行操作培训，操作人员应保持稳定。

(2)索夹安装作业前，必须对卷扬机的传动部分、滚筒、钢丝绳、排绳器、天车以及各锚固连接等进行认真检查，发现异常应及时排除，不能带病运行。

(3)索夹安装作业时，禁止将手伸入索股与索夹之间。

(4)天车在运送索夹行走之前要由专人负责检查索夹的各吊点是否牢固平衡，卷扬机牵引系统是否正常，检查完毕后方可进行行走操作。索夹吊运行过程中要观察天车的平稳情况，索夹的下方和前方禁止站人。现场作业要保证通信畅通。

续上表

<table>
<tr><td colspan="6">(5)索夹安装作业时，要加强作业区域下方的警戒，安排专人监督控制，中跨江面作业时，要加强江面过往船舶的瞭望，保证船舶的交通安全。
(6)索夹及其连接螺栓经检查合格后方可使用，索夹应与主索紧密连接，确保吊索承载后不滑移。
10. 加劲梁施工
(1)每一梁段安装就位后必须连接牢固；吊装中不得碰撞已安装就位的梁段。
(2)吊装作业在技术人员观察索塔变位情况，并调整索鞍偏移量后方可进行施工。</td></tr>
<tr><td colspan="6">重点强调：
1. 在猫道施工人员必须在正确使用合格安全带的情况下施工作业。
2. 卷扬机操作人员必须按要求进行操作，严禁将手伸到卷扬机钢丝绳间或者用手碰触钢丝绳。
3. 严禁猫道中作业人员集中作业，严禁前进步伐一致形成共振。
4. 索夹吊运行过程中天车运行必须平稳，严禁索夹的下方和前方有人。
5. 索夹安装作业时，严禁作业人员将手伸入索股与索夹之间。
6. 索夹安装作业时，要加强作业区域下方的警戒，安排专人监督控制，中跨江面作业时，要加强江面过往船舶的瞭望，保证船舶的交通安全。
7. 猫道临边应设1.5米高护栏，护栏水平杆数量及立杆间距要符合施工技术要求，各节点必须连接牢靠。</td></tr>
<tr><td>审核人</td><td></td><td>交底人</td><td></td><td>接受交底
负责人</td><td></td></tr>
<tr><td colspan="6">作业班组全体签名：</td></tr>
</table>

5.4 支座安装

简支梁支座安装安全交底

编号：

施工单位	
工程名称	
分部分项工程	
工　　种	

交底内容：

一、主要危险源与危害因素

1. 高处作业人员安全防护措施不到位(如未系好安全带)；酒后或疲劳作业。

2. 私接乱拉电线，非电工人员接线或拆线。

3. 墩顶未设置栏杆、步梯等安全防护设施。

4. 支座安装无防风措施；冬季无防滑措施。

5. 共同顶落梁的多台千斤顶类型不同。

6. 抛接所用的扳手等器械。

二、安全注意事项

1. 作业前必须参加岗前安全教育培训，考核合格后方可上岗作业。

2. 必须使用符合施工要求的千斤顶施工作业。

3. 严禁私接乱拉电线，接线与拆线必须由专业电工人员进行。

4. 高处作业必须戴好安全防护用品，系好安全带；严禁酒后或疲劳作业。

5. 支座安装前，墩顶及支座锚栓孔中的积雪、冰冻、积水和其他杂物应清理干净，并采取必要的防滑措施。在墩顶存放支座时，支座要固定牢靠。

6. 支座安装必须在技术人员的指导下采取防风措施；冬期施工必须技术人员的指导下采取防滑措施。

7. 墩顶必须设置栏杆、步梯等安全防护设施。

8. 吊运支座时，墩顶作业人员应待支座稳定后再扶正就位。人工抬运支座时，应协调一致，防止挤压手脚。

9. 吊装过程中，严禁在吊装物下停留、走动，起重机臂下严禁站人。

10. 简支梁梁体吊装架设前，应先将支座安装在预制梁的底部。上支座板与梁底预埋钢板间不得有空隙。箱梁支座下的灌浆强度达到 20 兆帕后，拧紧下支座板锚栓，并拆除各支座上、下连接钢板及螺栓，再拆除临时千斤顶。

11. 顶落梁所用的油压千斤顶均须附有球形支撑垫、保险圈、升程限孔。共同作用的多台千斤顶应选用同一类型，并用油管并联。

12. 使用千斤顶顶梁安放支座时，应及时落梁到支座，严禁长时间用千斤顶支承梁体。

续上表

<table>
<tr><td colspan="6">13. 施工作业人员所用的扳手等器械一定要放置在安全可靠的位置，禁止掉落；禁止抛接任何物品。
14. 顶落梁时，保险设施到位后方可施工；随着活塞起落，及时安放或撤除，两端支点不得同时起落。施顶或纵横移时，应缓慢平稳，各道工序必须听从技术人员统一指挥。</td></tr>
<tr><td colspan="6">重点强调：
1. 高处作业必须戴好安全防护用品，系好安全带；严禁酒后或疲劳作业。
2. 严禁私接乱拉电线，接线与拆线必须由专业电工人员进行。
3. 墩顶必须设置栏杆、步梯等安全防护设施。
4. 支座安装必须在技术人员的指导下进行防风措施；冬季施工必须技术人员的指导下采取防滑措施。
5. 顶落梁所用的油压千斤顶均须附有球形支撑垫、保险圈、升程限孔。共同作用的多台千斤顶应选用同一类型，并用油管并联。
6. 施工作业人员所用的扳手等器械一定要放置在安全可靠的位置，禁止掉落；禁止抛接任何物品。</td></tr>
<tr><td>审核人</td><td></td><td>交底人</td><td></td><td>接受交底
负责人</td><td></td></tr>
<tr><td colspan="6">作业班组全体签名：</td></tr>
</table>

连续梁支座安装安全交底

编号：

施工单位	
工程名称	
分部分项工程	
工　　种	

交底内容：

一、主要危险源与危害因素

1. 私接乱拉电线。

2. 高处作业人员不按规定佩戴劳动防护用品；酒后或疲劳作业。

3. 墩顶存放的支座固定不牢。

4. 墩顶未设置栏杆、步梯等安全防护设施。

5. 吊装过程中，有人在吊装物下停留、走动。

6. 人工抬运支座时，协调不一致。

7. 抛接所用的扳手等器械或者其他物品。

二、安全注意事项

1. 作业前必须参加岗前安全教育培训，考核合格后方可上岗作业。

2. 必须使用符合施工要求的千斤顶施工作业。

3. 严禁私接乱拉电线，接线与拆线必须由专业电工人员进行。

4. 高处作业必须戴好安全防护用品，系好安全带；严禁酒后或疲劳作业。

5. 支座安装前，墩顶及支座锚栓孔中的积雪、冰冻、积水和其他杂物应清理干净，并采取必要的防滑措施。支座在墩顶存放时，要固定牢固。

6. 支座安装必须在技术人员的指导下采取防风措施；冬期施工必须技术人员的指导下采取防滑措施。

7. 必须在安全技术人员指导下在墩顶设置栏杆、步梯等安全防护设施。

8. 吊运支座时，墩顶作业人员应待支座稳定后再扶正就位。人工抬运支座时，应协调一致，防止挤压手脚。

9. 吊装过程中，严禁在吊装物下停留、走动，起重机臂下严禁站人。

10. 简支梁梁体吊装架设前，应先将支座安装在预制梁的底部。上支座板与梁底预埋钢板间不得有空隙。箱梁支座下的灌浆强度达到 20 兆帕后，拧紧下支座板锚栓，并拆除各支座上、下连接钢板及螺栓，再拆除临时千斤顶。

11. 顶落梁所用的油压千斤顶均须附有球形支撑垫、保险圈、升程限孔。共同作用的多台千斤顶应选用同一类型，并用油管并联。

12. 使用千斤顶顶梁安放支座时，应及时落梁到支座，严禁长时间用千斤顶支承梁体。

13. 施工作业人员所用的扳手等器械一定要放置在安全可靠的位置，禁止掉落；禁止抛接任何物品。

续上表

<table>
<tr><td colspan="6">14. 顶落梁时，保险设施到位后方可施工；随着活塞起落，及时安放或撤除，两端支点不得同时起落。施顶或纵横移时，应缓慢平稳，各道工序必须听从技术人员统一指挥。</td></tr>
<tr><td colspan="6">重点强调：
1. 严禁私接乱拉电线，接线与拆线必须由专业电工人员进行。
2. 高处作业必须戴好安全防护用品，系好安全带；严禁酒后或疲劳作业。
3. 支座安装前，墩顶及支座锚栓孔中的积雪、冰冻、积水和其他杂物应清理干净，并采取必要的防滑措施。支座在墩顶存放时，要固定牢固。
4. 必须在安全技术人员指导下在墩顶设置栏杆、步梯等安全防护设施。
5. 吊装过程中，严禁在吊装物下停留、走动，起重机臂下严禁站人。吊运支座时，墩顶作业人员应待支座稳定后再扶正就位。人工抬运支座时，应协调一致，防止挤压手脚。
6. 施工作业人员所用的扳手等器械一定要放置在安全可靠的位置，禁止掉落；禁止抛接任何物品。</td></tr>
<tr><td>审核人</td><td></td><td>交底人</td><td></td><td>接受交底负责人</td><td></td></tr>
<tr><td colspan="6">作业班组全体签名：</td></tr>
</table>

千斤顶顶梁安放支座安全交底

编号：

施工单位	
工程名称	
分部分项工程	
工　　种	

交底内容：

一、主要危险源与危害因素

1. 墩顶未设置栏杆、步梯等安全防护设施。

2. 支座在墩顶存放时固定不牢。

3. 选用的千斤顶不符合施工要求。

4. 顶落梁操作时不听从指挥。

5. 施工现场违章用电。

6. 高处作业人员不按规定佩戴劳动防护用品；酒后或疲劳作业。

7. 支座安装无防风措施；冬季无防滑措施。

二、安全注意事项

1. 作业前必须参加岗前安全教育培训，考核合格后方可上岗作业。

2. 墩顶必须设置栏杆、步梯等安全防护设施，设置时应有技术人员的指导。

3. 使用的千斤顶须经技术人员确定，符合施工要求的，方可使用。

4. 高处作业人员必须佩戴好劳动防护用品，系好安全带；严禁酒后或疲劳作业。

5. 支座安装前，墩顶及支座锚栓孔中的积雪、冰冻、积水和其他杂物应清理干净，并采取必要的防滑措施。支座在墩顶存放时，要固定牢固。

6. 吊运支座时，墩顶作业人员应待支座稳定后再扶正就位。人工抬运支座时，应协调一致，防止挤压手脚。

7. 简支梁梁体吊装架设前，应先将支座安装在预制梁的底部。上支座板与梁底预埋钢板间不得有空隙。箱梁支座下的灌浆强度达到 20 兆帕后，拧紧下支座板锚栓，并拆除各支座上、下连接钢板及螺栓，再拆除临时千斤顶。

8. 顶落梁所用的油压千斤顶均须附有球形支撑垫、保险圈、升程限孔。共同作用的多台千斤顶应选用同一类型，并用油管并联。油压千斤顶、油泵、油管、压力表等在使用前应分别进行试验。

9. 使用千斤顶顶梁安放支座时，应及时落梁到支座，严禁长时间用千斤顶支承梁体。

10. 顶落梁时，应有保险设施，随着活塞起落及时安放或撤除。两端支点不得同时起落。施顶或纵横移时，应缓慢平稳，各道工序应有专人检查，统一指挥。

11. 连续梁进行体系转换前，必须对支座进行检查。

12. 严禁私接乱拉电线，接线与拆线必须由专业电工人员进行。

13. 支座安装必须在技术人员的指导下采取防风措施；冬期施工必须在技术人员的指导下采取防滑措施。

续上表

<table>
<tr><td colspan="6">重点强调：
1. 墩顶必须在安全技术人员指导下设置栏杆、步梯等安全防护设施。
2. 支座安装前，墩顶及支座锚栓孔中的积雪、冰冻、积水和其他杂物应清理干净，并采取必要的防滑措施。支座在墩顶存放时，要固定牢固。
3. 使用的千斤顶须经技术人员确定，符合施工要求的，方可使用。
4. 顶落梁时，应有保险设施，随着活塞起落及时安放或撤除。两端支点不得同时起落。施顶或纵横移时，应缓慢平稳，各道工序应有专人检查，统一指挥。
5. 严禁私接乱拉电线，接线与拆线必须由专业电工人员进行。
6. 高处作业人员必须佩戴好劳动防护用品，系好安全带；严禁酒后或疲劳作业。
7. 支座安装必须在技术人员的指导下采取防风措施；冬季施工必须在技术人员的指导下采取防滑措施。</td></tr>
<tr><td>审核人</td><td></td><td>交底人</td><td></td><td>接受交底
负责人</td><td></td></tr>
<tr><td colspan="6">作业班组全体签名：</td></tr>
</table>

5.5　附属工程施工

桥梁附属工程施工安全交底

编号：

施工单位	
工程名称	
分部分项工程	
工　　种	

交底内容：

一、主要危险源与危害因素

1. 砌筑片石锥体护坡时，将片石从上往下翻滚。

2. 砌筑时，手脚伸入拼砌面。

3. 物件吊装时，未使用缆风绳牵引，吊装物件在空中打转。

4. 进行护栏施工时，未在桥边缘处挂防护网。

二、安全注意事项

1. 工间休息时严禁在桥护栏边坐卧休息、嬉戏、打闹。

2. 使用风镐对桥面进行凿毛时，勿使镐钎全部插入破碎物体，防止空击。

3. 砌筑片石锥体护坡时，严禁将片石从上面往下翻滚。

4. 砌筑采用人工抬石就位时，应捆绑牢固，动作一致，缓慢下放。砌块应用撬棍拨移，不得将手脚伸入拼砌面。

5. 物件吊装时，要使用缆风绳捆绑牵引，保证吊装物件不在空中打转。

6. 进行护栏施工时，应在桥边缘处挂防护网，以策安全。谨防人、物坠落，发生受伤事故。

7. 采用小吊机吊送石料至砌筑面时，小吊机机座应固定牢靠。石料吊送到砌筑面时，施工人员应避让。

8. 砌筑桥台护坡时，应采用马凳及跳板等配合施工，马凳应摆放牢靠。

重点强调：

1. 使用风镐对桥面进行凿毛时，勿使镐钎全部插入破碎物体，防止空击。

2. 砌筑片石锥体护坡时，严禁将片石从上面往下翻滚。

审核人		交底人		接受交底负责人	

作业班组全体签名：

第6章　拱桥施工

6.1　钢拱桥施工

钢梁安装安全交底

编号：

施工单位	
工程名称	
分部分项工程	
工　　种	

交底内容：

一、主要危险源与危害因素

1. 酒后或者睡眠不足者上岗作业。

2. 高处(高度大于2米)作业时未系好安全带。

3. 施工现场抛接物品。

4. 脚手架上有人时移动脚手架。

5. 吊装作业时，吊装物下有人员走动或者逗留。

6. 杆件拼装对孔时，用手指伸入检查，应用的冲钉探孔。

二、安全注意事项

1. 施工作业人员必须参加安全教育培训并且安全培训考试合格后方可参加施工作业。

2. 施工作业人员进入施工现场必须按安全规定戴好安全帽。

3. 杆件堆放场地应平整稳定，不超过三层，防止杆件变形或堆放不稳滑下伤人。

4. 严禁施工现场抛接物品。

5. 施工过程中，现场施工作业人员必须听从现场管理人员指挥，不得盲目施工。

6. 定期对已安装支架进行检查，确保结构自身的安全稳定。

7. 施工作业人员高处(高度大于2米)作业时必须按照安全教育的标准系好安全带并做好安全防护措施。

8. 现场安装过程中发现图纸有误或无法操作时严禁自行修改，应立即停止施工，并及时向主管技术员汇报，待得到明确的处理方法后再进行下一道工序的施工。

9. 钢梁杆件组装，应在平整的作业台上进行。

10. 拼装杆件时应安好梯子、溜绳、脚手架，斜杆应正确使用安全栓等保险吊具，杆件起吊时，先提升0.3米左右，确认安全后再继续起吊。

续上表

<table>
<tr><td colspan="6">11. 严禁脚手架上有人时移动脚手架。
12. 吊装作业时，严禁在吊装物下有人员走动或者逗留，起重机臂下严禁站人。
13. 装拆脚手架，上紧螺栓、铆合等作业应上下交替进行，避免双层作业。杆件拼装对孔时，应用冲钉探孔严禁用手指伸入检查。
14. 钢梁表面涂漆作业，应戴好防毒用品，做好倾倒泄漏的处理，保证作业人员安全和防止环境污染。
15. 在悬臂孔和通航孔的钢梁下方，必须挂好安全网。</td></tr>
<tr><td colspan="6">重点强调：
1. 严禁酒后或者睡眠不足者上岗作业。
2. 施工作业人员进入施工现场必须按安全规定戴好安全帽。
3. 严禁施工现场抛接物品。
4. 施工作业人员高处(高度大于2米)作业时必须按照安全教育的标准系好安全带并做好安全防护措施。
5. 严禁脚手架上有人时移动脚手架。
6. 吊装作业时，严禁在吊装物下有人员走动或者逗留，起重机臂下严禁站人。
7. 装拆脚手架，上紧螺栓、铆合等作业应上下交替进行，避免双层作业。杆件拼装对孔时，严禁用手指伸入检查，应用的冲钉探孔。</td></tr>
<tr><td>审核人</td><td></td><td>交底人</td><td></td><td>接受交底
负责人</td><td></td></tr>
<tr><td colspan="6">作业班组全体签名：</td></tr>
</table>

斜拉扣挂系统安全交底

编号：

施工单位	
工程名称	
分部分项工程	
工　　种	

交底内容：

一、主要危险源与危害因素

1. 施工过程中违章用电，私搭乱接电线。

2. 患有心脏病、高血压、癫痫以及贫血症等患者及年老体弱者，从事高处作业。

3. 睡眠不足或者饮酒人员进入施工现场作业。

4. 大风(6级及以上)、暴雪、浓雾或大雨时起吊作业。

5. 高处(2米及以上)作业时未做好防护措施(如：未系好安全带)。

6. 塔吊吊人。

二、安全注意事项

1. 必须在施工作业前经过安全教育培训并合格后才能进入施工现场施工作业。

2. 进入施工现场人员必须戴好安全帽。

3. 患有心脏病、高血压、癫痫以及贫血症等患者及年老体弱者，不得从事高处作业。

4. 严禁睡眠不足或者饮酒人员进入施工现场作业。

5. 安装需要时经常检查临时固结和铰接位置的质量。

6. 设备操作人员，要对安装设备进行定期的检查，并做好运转日志。

7. 经技术人员对吊装构件的单件重量进行验算、控制后，方可进行吊装。

8. 安装时做好人员上下通道并挂设安全网，严禁塔吊吊人。

9. 起重作业人员严格遵守起重作业安全操作规程。

10. 斜拉索安装时，应在技术人员指导下采取措施防止风雨振动，施工期间适时配合技术人员对斜拉索的振幅、频率、索力进行监测，防止出现意外。

11. 大风(6级及以上)、暴雪、浓雾或大雨等恶劣天气时禁止吊装作业。

12. 高处(2米及以上)作业时必须做好防护措施，并系好安全带。

续上表

<table>
<tr><td colspan="6">重点强调：
1. 严禁施工过程中违章用电，严禁私搭乱接电线。
2. 严禁患有心脏病、高血压、癫痫以及贫血症等患者及年老体弱者，从事高处作业。
3. 严禁睡眠不足或者醉酒人员进入施工现场作业。
4. 严禁大风(6 级及以上)、暴雪、浓雾或大雨时施工作业。
5. 高处(2 米及以上)作业人员必须做好防护措施并系好安全带。
6. 严禁塔吊吊人。</td></tr>
<tr><td>审核人</td><td></td><td>交底人</td><td></td><td>接受交底
负责人</td><td></td></tr>
<tr><td colspan="6">作业班组全体签名：</td></tr>
</table>

临时系杆安装安全交底

编号：

施工单位	
工程名称	
分部分项工程	
工　　种	

交底内容：

一、主要危险源与危害因素

1. 系杆安装人员未系安全带。

2. 患有高血压、心脏病、低血糖、恐高症等高空作业禁忌症的，进行高空作业。

3. 酒后作业。

4. 大风(6 级及以上)、雨、雪、浓雾天气进行施工作业。

二、安全注意事项

1. 所有施工人员必须经过安全教育培训并考核合格后，方能上岗。

2. 系杆安装作业人员必须做好安全防护工作并系好安全带，确认安全后方可施工。

3. 所有从事系杆安装人员都必须进行健康检查，凡患有高血压、心脏病、低血糖、恐高症等高空作业禁忌症的，不得进行高空作业。

4. 严禁酒后作业，严禁在施工现场嬉戏打闹。

5. 严禁大风(6 级及以上)、雨、雪、浓雾天气进行施工作业。

6. 锚箱加工时应进行摩擦面防锈处理，节点摩擦面应进行防护处理，确保摩擦系数满足技术人员要求，防止因锚杆滑落造成结构不稳定。

7. 在结构上行走或移动的人员必须系好安全带。

8. 临时系杆钢绞线避免被电击、电弧气割损坏，需要切割时采用砂轮切割机进行切割，并采取安全防护措施，防止切割的钢渣飞入眼睛。

9. 临时系杆安装过程中利用梳理器防止钢绞线打绞。

10. 临时系杆架设完成后，采取将 6 束钢绞线串联的方式，每隔 50 米设置一道防振阻尼器，减小风力对临时系杆的影响。

11. 牵引系统和临时系杆过江时应在技术人员指导下严格按施工程序进行，确保施工安全。

续上表

<table>
<tr><td colspan="6">重点强调：
1. 所有施工人员必须经过安全教育培训并考核合格后，方能上岗。
2. 系杆安装作业人员必须做好安全防护工作并系好安全带，确认安全后方可施工。
3. 所有从事系杆安装人员都必须进行健康检查，凡患有高血压、心脏病、低血糖、恐高症等高空作业禁忌症的，不得进行高空作业。
4. 严禁酒后作业，严禁在施工现场嬉戏打闹。
5. 严禁大风(6 级及以上)、雨、雪、浓雾天气进行施工作业。
6. 采用砂轮切割机进行钢绞线切割，并采取安全防护措施，防止切割的钢渣飞入眼睛。</td></tr>
<tr><td>审核人</td><td></td><td>交底人</td><td></td><td>接受交底
负责人</td><td></td></tr>
<tr><td colspan="6">作业班组全体签名：</td></tr>
</table>

桁拱合龙及永久系杆合龙施工安全交底

编号：

施工单位	
工程名称	
分部分项工程	
工　　种	

交底内容：

一、主要危险源与危害因素

1. 合龙人员未做安全防护措施。

2. 患有高血压、心脏病、低血糖、恐高症等高空作业禁忌症的，进行高空作业。

3. 酒后作业。

二、安全注意事项

1. 所有施工人员必须经过安全教育培训并考核合格后，方能上岗。

2. 进入施工现场人员必须戴好安全帽。

3. 进行合龙作业的人员，必须做好安全防护工作并系好安全带，确认安全后方可施工。

4. 所有从事高空都必须进行健康检查，凡患有高血压、心脏病、低血糖、恐高症等高空作业禁忌症的，不得进行高空作业。

5. 大雨、大风、大雪等恶劣天气禁止施工。

6. 严禁酒后作业，严禁在施工现场嬉戏打闹。

7. 严格按照技术人员技术交底规定的合龙顺序进行合龙施工作业。

8. 进行合龙施工前，应在技术人员指导下作好施工脚手架和安全通道，并挂设安全网。

9. 施工前对合龙施工需要的工索具进行检查，确保完好。

10. 合龙时确保信息畅通，服从统一指挥。

11. 需要临时固定时应在技术人员指导下及时进行支座的临时固定。

12. 在技术人员对杆件应力及构件的位移、变形进行监测，满足要求后才能进行下一步工作。

重点强调：

1. 所有施工人员必须经过安全教育培训并考核合格后，方能上岗。

2. 合龙作业人员必须做好安全防护工作并系好安全带，确认安全后方可施工。

3. 所有从事高空作业人员都必须进行健康检查，凡患有高血压、心脏病、低血糖、恐高症等高空作业禁忌症的，不得进行高空作业。

4. 严禁酒后作业，严禁在施工现场嬉戏打闹。

5. 大雨、大风、大雪等恶劣天气禁止施工。

审核人		交底人		接受交底负责人	

作业班组全体签名：

6.2　混凝土拱桥施工

砌筑拱圈施工安全交底

编号：

施工单位	
工程名称	
分部分项工程	
工　　种	

交底内容：

一、主要危险源与危害因素

1. 酒后作业。

2. 私接乱拉电线。

3. 从事高处(2 米及以上)作业时未做安全防护措施。

4. 吊装作业过程中起重机或者卷扬机下站人。

5. 未听从技术人员指挥，随意拆除拱架构件。

6. 上下作业平台未安装安全梯、斜道等攀登设施。

二、安全注意事项

1. 严禁酒后作业，严禁在施工作业过程中嬉戏打闹。

2. 规范用电，电线的安装与拆除必须由专业的电工人员进行。

3. 拱上结构砌筑应符合以下要求：

(1)拱上结构在卸落拱架前砌筑时，在技术人员对封拱砂浆强度进行检验并合格后方可进行；

(2)拱上结构在卸落拱架后砌筑时，在技术人员对封拱砂浆强度进行检验并合格后方可进行；

(3)分环砌筑的拱圈，待在技术人员对上环封拱砂浆强度进行检验并合格后，方可落架，砌筑拱上结构；

(4)拱圈采用预施压力调整应力时，应待技术人员对封拱砂浆强度检验合格后，方可落架，砌筑拱上结构。

4. 拱圈砌筑应严格按技术人员的指导作业程序进行。

5. 从事高处作业的人员必须做安全防护措施，并系好安全带。

6. 拱圈砌筑前应由技术人员及相关人员检查支架、拱架和模板的安装质量，经验收合格并形成文件后，方可进行砌筑作业。

7. 使用起重机、卷扬机、金属索具及其他类型的索具均应符合要求，吊装作业施工过程中起重机、卷扬机底下不得站人、不得穿行。

8. 拱圈砌筑过程中应随时观测拱架、支架变形情况，发现变形过大，必须立即停砌，在技术人员的指导下采取安全技术措施，并验收合格后，方可继续砌筑。

续上表

<table>
<tr><td colspan="6">9. 拱桥上施工采用外吊架临边防护时，在拱圈结构施工中应同步完成临边防护设施的预留孔或预埋件，并在拱圈完成并达到规定强度后，安设临边防护设施。
10. 必须听从技术人员指挥进行作业，严禁随意拆除拱架构件。
11. 封拱合龙前采用千斤顶施压调整拱圈应力时，拱圈砂浆必须在技术人员检验并达到设计强度后方可进行。
12. 高处作业必须搭设作业平台，搭设与拆除脚手架应符合要求；作业平台临边必须在技术人员指导下设防护栏杆；作业平台的脚手板必须铺满、铺稳。严禁在没有做好安全防护措施的情况下，在未安装完好的作业平台临边走动。
13. 上下作业平台必须设安全梯、斜道等攀登设施。</td></tr>
<tr><td colspan="6">重点强调：
1. 从严禁酒后作业。
2. 规范用电，电线的安装与拆除必须由专业的电工人员进行。
3. 事高处作业的人员必须做安全防护措施，并系好安全带。
4. 严禁随意拆除拱架构件。
5. 吊装作业施工过程中起重机、卷扬机底下不得站人、不得穿行。
6. 上下作业平台必须设安全梯、斜道等攀登设施。
7. 严禁在没有做好安全防护措施的情况下，严禁在未安装完好的作业平台临边走动。</td></tr>
<tr><td>审核人</td><td></td><td>交底人</td><td></td><td>接受交底负责人</td><td></td></tr>
<tr><td colspan="6">作业班组全体签名：</td></tr>
</table>

拱架上浇筑混凝土拱圈安全交底

编号：

施工单位	
工程名称	
分部分项工程	
工　　种	

交底内容：

一、主要危险源与危害因素

1. 酒后作业。

2. 违章用电。

3. 从事高处作业的人员未做好安全防护措施。

4. 随意拆除拱架构件。

5. 拱圈浇筑过程中，发现拱架、支架变形过大时，仍继续施工。

6. 上下作业平台未走安全梯、斜道等攀登设施。

7. 吊装作业施工过程中，起重机、卷扬机底下站人或者有人穿行。

8. 在没有做好安全防护措施的情况下，在未安装完好的作业平台临边走动。

二、安全注意事项

1. 必须参加安全教育培训，考核合格后方可进入施工现场施工作业。

2. 严禁酒后作业，严禁在施工作业过程中嬉戏打闹。

3. 规范用电，电线的安装与拆除必须由专业的电工人员进行。

4. 拱架上浇筑混凝土拱圈前，应由技术人员检查支架、拱架和模板的安装质量，经验收合格并记录后，方可浇筑混凝土。

5. 在技术人员对分段浇筑的混凝土拱圈强度检验合格后，方可由拱脚向拱顶对称浇筑间隔槽混凝土。

6. 拱圈浇筑应严格按技术人员的指导作业程序进行。

7. 严禁随意拆除拱架构件，造成拱架结构不稳定。

8. 从事高处作业的人员必须做安全防护措施，并系好安全带。

9. 拱桥上施工采用外吊架临边防护时，在拱圈结构施工中应同步完成临边防护设施的预留孔和预埋件，并在技术人员对完成拱圈检测达到规定强度后，在技术人员指导下安设临边防护设施。

10. 拱架上浇筑混凝土，无论连续浇筑和分段浇筑都要从拱脚向拱顶对称进行。若大跨度拱圈混凝土分段浇筑时，要按照技术人员指导的浇筑程序和监控措施进行施工。

11. 拱圈封拱合龙时，应在技术人员对砌体砂浆强度进行检测，并符合施工要求后方可封拱合龙；封拱合龙前采用千斤顶施压调整拱圈应力时，拱圈和已浇筑的间隔槽混凝土必须达到设计强度后方可进行封拱合龙。

续上表

12. 拱圈浇筑混凝土过程中应随时观测拱架、支架变形情况，发现变形超过技术人员所交代的变形程度时，必须立即停筑，在技术人员指导下采取安全控制措施并验收合格后，方可继续砌筑。 13. 模板及其支架和拱架的安装、拆除顺序必须按照技术人员的要求操作，禁止乱拆乱扔；钢筋混凝土、砌体施工等作业项目应按照技术人员要求进行操作。 14. 高处作业必须搭设作业平台，搭设与拆除脚手架应符合要求；作业平台临边必须在技术人员指导下设防护栏杆；作业平台的脚手板必须铺满、铺稳。上下作业平台必须设安全梯、斜道等攀登设施。 15. 使用起重机、卷扬机、金属索具及其他类型的索具均应符合要求，吊装作业施工过程中起重机、卷扬机底下不得站人、不得穿行。 16. 严禁在没有做好安全防护措施的情况下，在未安装完好的作业平台临边走动。
重点强调： 1. 严禁酒后作业。 2. 规范用电，电线的安装与拆除必须由专业的电工人员进行。 3. 从事高处作业的人员必须做安全防护措施，并系好安全带。 4. 严禁随意拆除拱架构件。 5. 上下作业平台必须设安全梯、斜道等攀登设施。 6. 拱圈砌筑过程中应随时观测拱架、支架变形情况，发现变形超过技术人员所交代的变形程度时，必须立即停筑，在技术人员指导下采取安全控制措施并验收合格后，方可继续砌筑。 7. 吊装作业施工过程中起重机、卷扬机底下不得站人、不得穿行。 8. 严禁在没有做好安全防护措施的情况下，在未安装完好的作业平台临边走动。

审核人		交底人		接受交底负责人	
作业班组全体签名：					

劲性骨架浇筑混凝土拱圈安全交底

编号：

施工单位	
工程名称	
分部分项工程	
工　　种	

交底内容：

一、主要危险源与危害因素

1. 酒后作业。

2. 违章用电，电线的安装与拆除由非专业的电工人员进行。

3. 从事高处(2米及以上)作业的人员未做好安全防护措施。

4. 拱圈混凝土浇筑过程中，发现拱架、支架变形过大时，仍继续施工。

5. 人员上下爬梯时，多人在同一个爬梯同时下上。

6. 吊装作业施工过程中起重机、卷扬机底下站人或者有人穿行。

7. 在没有做好安全防护措施的情况下，在作业平台临边走动。

二、安全注意事项

1. 严禁酒后作业，严禁在施工作业过程中嬉戏打闹。

2. 规范用电，电线的安装与拆除必须由专业的电工人员进行。

3. 模板及其支架和拱架的安装、拆除顺序必须按照技术人员的要求操作，禁止乱拆乱扔；钢筋混凝土、砌体施工等作业项目应按照技术人员要求进行操作。

4. 从事高处作业的人员必须做安全防护措施，并系好安全带。

5. 拱圈混凝土浇筑过程中，应注意观察拱圈变形，若发现拱架、支架变形过大等异常情况应立即停工，并及时报告给技术管理人员。

6. 拱桥上施工采用外吊架临边防护时，在拱圈结构施工中应同步完成临边防护设施的预留孔和预埋件，并在技术人员对完成拱圈检测达到规定强度后，在技术人员指导下安设临边防护设施。

7. 高处作业必须搭设作业平台，并应符合下列要求：

(1)作业平台的脚手板必须铺满、铺稳。搭设与拆除脚手架应按技术交底要求进行。

(2)使用前应经相关人员检查、验收，确认合格后方可使用。使用中应随时检查，确认安全。

(3)临边作业必须设防护栏杆，防护栏杆应由上、下两道栏杆和栏杆柱组成，上杆离平作业台高度应为1.2米，下杆离作业平台高度应为50～60厘米，按技术人员规定的栏杆柱间距进行搭设。

(4)防护栏杆的底部必须设置牢固的、高度不低于18厘米的挡脚板；挡脚板下的空隙不得大于1厘米；挡脚板上有孔眼时，孔径不得大于2.5厘米；高处临街的防护栏杆应加挂安全网，或在技术人员指导下采取其他全封闭措施。

续上表

<table>
<tr><td colspan="6">8. 上下作业平台必须在技术人员指导下搭设安全梯、斜道等攀登设施。采用固定式直爬梯时，爬梯应用金属材料制成。梯子宽度应为 0.5 米，埋设与焊接必须牢固。梯子顶端应设 1.0～1.5 米高的扶手。攀登高度超过 7 米以上部分宜加设护笼；超过 13 米时，必须设梯间平台。人员上下梯子时，必须面向梯子，双手扶梯；梯子上有人时，他人不宜上梯；采用斜道(马道)时，脚手架必须置于坚固的地基上，斜道宽度不得小于 1 米，纵坡不得陡于 1∶3，支搭必须牢固。
9. 使用的起重机、卷扬机、金属索具及其他类型的索具均应符合要求，吊装作业施工过程中起重机、卷扬机底下不得站人、不得穿行。
10. 严禁在没有做好安全防护措施的情况下，在作业平台临边走动。</td></tr>
<tr><td colspan="6">重点强调：
1. 严禁酒后作业。
2. 规范用电，电线的安装与拆除必须由专业的电工人员进行。
3. 从事高处作业的人员必须做好安全防护措施(如系好安全带)。
4. 拱圈混凝土浇筑过程中，应注意观察拱圈变形，若发现拱架、支架变形过大等异常情况应立即停工，并及时报告给技术管理人员。
5. 人员上下梯子时，必须面向梯子，双手扶梯；梯子上有人时，严禁他人上梯。
6. 使用的起重机、卷扬机、金属索具及其他类型的索具均应符合要求，吊装作业施工过程中起重机、卷扬机底下不得站人、不得穿行。
7. 严禁在没有做好安全防护措施的情况下，在作业平台临边走动。</td></tr>
<tr><td>审核人</td><td></td><td>交底人</td><td></td><td>接受交底负责人</td><td></td></tr>
<tr><td colspan="6">作业班组全体签名：</td></tr>
</table>

装配式混凝土拱桥施工安全交底

编号：

施工单位	
工程名称	
分部分项工程	
工　　种	

交底内容：

一、主要危险源与危害因素

1. 酒后作业。

2. 违章用电，非专业电工人员进行电线的安装与拆除。

3. 随意拆除拱架构件。

4. 从事高处作业的人员未做好安全防护措施。

5. 悬吊设施和起重设备安装完毕后，未进行试运转、试吊就投入使用。

6. 塔架风缆与电杆、树木、脚手架和建(构)筑物相连。

7. 吊装作业施工过程中，吊装物底下站人或者有人穿行。

二、安全注意事项

1. 必须参加安全教育培训，考核合格后，方可上岗作业。

2. 严禁酒后作业，严禁在施工过程中嬉戏、打闹、追逐。

3. 规范用电，电线的安装与拆除必须由专业电工人员进行。

4. 拱桥装配应严格按技术人员的指导作业程序进行。

5. 严禁因随意拆除拱架构件，造成拱架结构不稳定的事件发生。

6. 从事高处作业的人员必须做安全防护措施，并系好安全带。

7. 悬吊设施和起重设备安装完毕后，应进行试运转、试吊，经技术人员确认合格后，方可投入使用。

8. 拱圈、拱肋采用无支架安装应符合下列要求：

(1)拱肋分段吊装时，除拱顶段外，每段拱肋应各设一组扣索悬挂。

(2)多孔拱桥吊装应由桥台或单向推力墩开始依次进行，吊装时要锁扣牢固。

(3)中小跨拱圈、拱肋分两段或整根吊装时，如横向稳定系数不满足技术人员要求时，禁止单肋合龙，防止发生意外。

(4)拱肋分段吊装，应待吊装段与已就位段连接后，并设扣索和分缆临时固定后方可摘除起重索。

(5)各拱肋松索应自拱脚向拱顶进行，先松拱脚段扣索一次，然后按比例对称均匀进行；每次松索应配合技术人员监测拱轴线平面的垂直度和接头高程，防止非对称变形造成拱肋失稳。

(6)扣架底座应与墩、台固定，扣架顶部应在技术人员指导下设风缆，使用技术人员允许使用的扣索、扣架；各扣索位置必须与所吊拱肋在同一竖直面内。

续上表

<table>
<tr><td colspan="6">(7)拱肋分段吊装，由扣索悬挂时，必须设缆风绳。拱肋分三段或五段平装时，至少应保持两根基肋设置固定缆风；固定风缆应在技术人员检测全孔合龙、横系梁强度达到设计规定后，方可拆除。
9. 安装前，应经技术等相关管理人员对墩、台、支承结构和预制构件经检查、验收，确认符合设计及吊装要求后，方可吊装。
10. 缆索吊机架设应符合下列要求：
(1)吊机组装完毕后，应进行全面检查，并经试运转、试吊满足技术人员要求后，方可投入使用。
(2)承重主索、塔架、索鞍、风缆、地锚等设施的强度和稳定性与地基承载力均应由技术人员检测，确认安全后才能施工。
(3)塔架应设风缆，风缆地端必须系在地锚上，严禁与电杆、树木、脚手架和建(构)筑物相连。风缆要在技术人员指导下进行安装。
11. 拱圈、拱肋采用少支架安装应符合下列要求：
(1)拱肋分段吊装到支架上后，应及时安设支撑和横向联系。
(2)支架基础必须由技术人员确定有足够的承载力，且未受冲刷、冻胀影响后方可施工。
(3)支架卸落宜分次逐渐进行。已合龙的拱圈，经技术人员检查混凝土强度和拱轴线符合设计要求后，方可卸落。经技术人员检测拱肋接头和横系梁混凝土强度满足要求后，方可卸落其支架。
(4)吊装过程中严禁吊装物底下站人或者有人穿行。</td></tr>
<tr><td colspan="6">重点强调：
1. 严禁酒后作业。
2. 规范用电，电线的安装与拆除必须由专业电工人员进行。
3. 严禁随意拆除拱架构件，造成拱架结构不稳定。
4. 从事高处作业的人员必须做安全防护措施，并系好安全带。
5. 悬吊设施和起重设备安装完毕后，应进行试运转、试吊，经技术人员确认合格后，方可投入使用。
6. 塔架应设风缆，风缆地端必须系在地锚上，严禁与电杆、树木、脚手架和建(构)筑物相连。
7. 吊装作业过程中严禁吊装物下站人或者有人穿行。</td></tr>
<tr><td>审核人</td><td></td><td>交底人</td><td></td><td>接受交底
负责人</td><td></td></tr>
<tr><td colspan="6">作业班组全体签名：</td></tr>
</table>

第7章　钢筋混凝土与预应力施工

7.1　钢筋混凝土作业

钢筋作业安全技术交底

编号：

施工单位	
工程名称	
分部分项工程	
工　　种	

交底内容：

一、主要危险源与危害因素

1. 大雨及风力6级以上(含6级)等恶劣天气时，仍进行露天高处的作业。

2. 身体依靠在带电的工具上。

3. 违规操作手持电动工具(切断机、弯曲机、电焊机等)。

4. 随意移动设备，随意拖动电力线路。

5. 焊接钢筋时未佩戴安全防护用具。

6. 在起吊的钢筋骨架边上站立。

二、安全注意事项

1. 钢筋、半成品等应按规格、品种分别堆放整齐，钢筋头子、废料应及时清理。

2. 钢筋的断料、配料、弯料等工作应在地面进行，禁止在高空操作。

3. 拉直钢筋时，拉筋沿线两侧各2米以内禁止行人。

4. 人工绞磨拉直，禁止用胸、肚直接作业。

5. 搬运钢筋要注意附近的障碍物(架空电线和其他临时电气设备)，防止钢筋回转时碰撞电线或发生触电事故。

6. 多人合运钢筋时，人工上下传送禁止在同一垂直线上。钢筋堆放要分散、稳当，防止倾倒和塌落。

7. 现场绑扎悬空大梁钢筋时，禁止站在模板上操作，必须站在脚手板上操作。

8. 绑扎独立钢筋时，禁止站在钢箍上绑扎。

9. 绑扎立柱、墙体钢筋，禁止站在钢筋骨架上和攀登骨架上下。

10. 绑扎基础钢筋时，应摆放钢筋支架或马凳架起上部钢筋，不得任意减少支架或马凳。

续上表

11. 在高空、深坑绑扎钢筋和安装骨架时，应在技术人员指导下搭设脚手架和马道，并挂安全网。

12. 起吊钢筋骨架，边上禁止站人。

13. 起吊钢筋时，规格应统一，不准长短不一，不准在一边起吊。

14. 切割机使用前，必须检查机械运转是否正常，是否漏电，切割机周边不准堆放易燃物品。

15. 高空作业时，禁止将钢筋集中堆放在模板和脚手板上，也不准将工具、钢箍、短钢筋随意放在脚手板上。

16. 大雨及风力6级以上(含6级)等恶劣天气时，禁止露天高处的作业。

17. 禁止将身体依靠在带电的工具上，工作结束及时切断电源。

18. 钢筋在加工过程中，禁止无关人员进入，加工完后及时清理现场。

19. 手持电动工具(切断机、弯曲机、电焊机)严禁违规操作。

20. 禁止随意移动设备，随意拖动线路。

21. 钢筋在焊接中，应按要求佩戴好安全防护用具。

22. 机械操作人员必须持证上岗。

重点强调：

1. 大雨及风力6级以上(含6级)等恶劣天气时必须停止高处作业。
2. 须正确戴好安全帽，系好安全带。
3. 机械操作人员必须持证上岗。
4. 绑扎独立钢筋时，禁止站在钢箍上绑扎。
5. 禁止将身体依靠在带电的工具上；工作结束应及时切断电源。

审核人		交底人		接受交底负责人	

作业班组全体签名：

混凝土作业安全技术交底

编号：

施工单位	
工程名称	
分部分项工程	
工　　种	

交底内容：

一、主要危险源与危害因素

1. 进入施工现场未戴好安全帽、高处作业未系好安全带。
2. 大雨及风力 6 级以上(含 6 级)等恶劣天气时，仍进行露天高处的作业。
3. 输送管道漏浆，管道支架不牢固。
4. 随意调整液压系统压力，吸空或无料泵送。
5. 临边作业时，未设置护身栏或防护措施。
6. 料斗上的方格网在作业中随意移去。
7. 泵机运转时，把手伸入料斗或用手抓分配阀。

二、安全注意事项

1. 泵车司机要持证上岗。
2. 作业人员进入施工现场必须戴合格安全帽，系好安全带等安全防护用品。
3. 浇筑框架梁、柱、墙时，严禁直接站在模板或支架上操作。
4. 使用溜槽、串桶时必须固定牢固，严禁站在溜槽上操作。
5. 用料斗吊运混凝土时，要与信号工密切配合，缓慢升降。
6. 混凝土振捣时，操作人员必须戴绝缘手套，穿绝缘鞋。
7. 遇有大风(含 6 级)、雨、雪、大雾等恶劣天气时应停止作业。
8. 振捣棒使用前检查各部位是否连接牢固，旋转方向是否正确。
9. 作业转移时，严禁用电缆线拖、拉振捣器。
10. 作业后振捣工必须及时保养、清洁设备。
11. 在临边作业时要在技术人员的指导下做好防护措施，防止高空坠落、物体打击。
12. 冬期施工如果润滑油凝结不易启动时，可用火缓烤；禁止用猛火烤或沸水冲烫。
13. 泵送混凝土作业应注意：

(1)应随时监视各种仪表和指示灯，发现不正常应及时调整处理。
(2)保持水箱内储满清水，发现水质混浊并有较多砂粒时，应及时处理。
(3)料斗上的方格网在作业中不得随意移去。
(4)泵机运转时，严禁把手伸入料斗或用手抓握分配阀。
(5)炎热天气要防止油温过高，如达到 70 ℃或烫伤时，应停止运行。
(6)输送管路要固定、垫实，严禁将输送软管弯曲。
(7)不得随意调整液压系统压力，不许吸空和无料泵送。
(8)作业完毕后严禁非司机操作，工作时操作人员不得随意离岗。

续上表

<table>
<tr><td colspan="6">(9)非电工不得随便接电。
(10)严禁一切违章操作。
(11)工作前应确认所有输送管道、管道支架、管接头及连接件完好、牢固。
(12)在高空定点浇筑时,必须用止动销轴将回转锁定。
(13)经常检查钢丝绳是否破损,各部件的紧固是否松动,定期活动部位加注润滑脂。
(14)管端附近不许站人,以防混凝土残渣伤人。
(15)站在模板或支架、溜槽上操作时应系好安全带。</td></tr>
<tr><td colspan="6">重点强调:
1. 作业人员进入施工现场必须戴好安全帽,系好安全带。
2. 作业转移时,严禁用电缆线拖、拉振捣器。
3. 遇有大风、雨、雪、大雾等恶劣天气应停止作业。
4. 使用溜槽、串桶时必须固定牢固,操作部位应设护身栏,严禁站在溜槽上操作。
5. 在临边作业时要有必要的防护措施,防止高空坠落、物体打击。
6. 泵机运转时,严禁把手伸入料斗或用手抓握分配阀。不得随意调整液压系统压力,不许吸空和无料泵送。</td></tr>
<tr><td>审核人</td><td></td><td>交底人</td><td></td><td>接受交底负责人</td><td></td></tr>
<tr><td colspan="6">作业班组全体签名:</td></tr>
</table>

7.2　预应力作业

预应力钢筋缠丝机张拉作业安全交底

编号：

施工单位	
工程名称	
分部分项工程	
工　　种	

交底内容：

一、主要危险源与危害因素

1. 醉酒人员进入施工现场进行张拉作业。

2. 施工前未检查钢筋，施工时使用的钢筋锈蚀严重或有划痕现象。

3. 施加预应力的机具设备、锚具、夹具、连接器和预应力钢丝、钢绞线或钢筋不匹配。

4. 作业中随意用坚硬重物撞击已缠绕的钢筋。

5. 电气接线与拆卸由非电工操作。

6. 砂轮锯料时未戴眼镜，钢渣乱飞乱溅。

7. 张拉作业现场无人值守，非作业人员随意进入施工现象游逛。

二、安全注意事项

1. 严禁酒后作业。

2. 施工前应严格检查钢筋，确认施工时使用的钢筋无锈蚀、划痕现象。

3. 施加预应力时使用的机具设备、锚具、夹具、连接器和预应力钢丝、钢绞线或钢筋应互相匹配。

4. 预应力筋必须在技术人员的要求控制应力进行张拉，严禁超控制应力张拉。

5. 作业中严禁用坚硬重物撞击已缠绕的钢筋。

6. 电气接线与拆卸必须由专业电工操作。

7. 缠丝过程中，机械出现故障必须停机、断电后，方可进行处理。

8. 缠丝过程中负责测量预应力钢筋张拉应力人员必须及时监测，发现问题及时采取措施。

9. 张拉作业必须在具有施工经验的技术人员主持并由作业组长统一指挥下进行。

10. 钢丝、钢绞线、热处理钢筋和冷拉Ⅳ级钢筋，必须采用砂轮锯或切断机断料，不得采用气割、电弧切割。断料过程中必须严格在安全技术人员指导下做好安全防护工作，严禁断料时钢渣乱飞乱溅。

11. 张拉作业现场必须有专人值守，严禁非作业人员入内；张拉构件的两端必须在技术人员指导下设置防护设施及安全标志，严禁随意拆除防护设施及安全标志。

12. 缠丝过程中应随时对缠丝机中心柱、回转臂、回转吊臂、缠丝小车吊架等连接部位的牢固情况和动力设备、安全装置的状态进行检查，发现问题及时处理。

续上表

<table>
<tr><td colspan="6">

13. 每根钢筋的端头和末尾必须锚固牢固，在缠丝过程中必须按技术人员要求的长度或位置安设锚具，并随时对已经锚固好的锚点进行检查。
14. 张拉操作中若出现异常现象(如油表振动剧烈、发生漏油、电机声音异常、发生断丝、滑丝等)，应立即停机进行检查。
15. 缠丝小车行走轨迹外 2.5 米处，必须在技术人员指导下搭设防止钢筋弹出的防护栏杆柱，严禁拆除作业现场的围挡和安全标志；作业现场必须有专人警戒，非作业人员禁止进入围挡内。
16. 缠丝机及其配套装置应完好，安装装置应齐全有效；电气接线与拆卸必须由电工操作，并应符合施工用电安全技术交底的要求。
17. 预应力钢筋的接头宜采用电动绑扎机进行。绑扎前，应先安设锚具将预应力钢筋锚固，绑扎接头位置距离锚固中心的距离、搭接长度、绕丝绑扎长度均不得小于技术人员要求数值。
18. 浇筑混凝土时，振捣器不得撞击钢丝(钢束)。用卷扬机滑轮组张拉小型构件时，张拉完成后应切断电源和卡固钢丝绳。
19. 钢筋张拉时，螺丝端杆、套筒螺丝必须有足够的长度，夹具必须安装牢固，防止锚夹不牢而滑出。
20. 孔洞处预应力钢筋切断工作要经技术人员同意。作业前，孔洞处应在技术人员指导下安设防止预应力钢筋切断后回弹伤人的防护措施；剪切预应力钢筋时，应站在孔洞侧面，避开预应力钢筋回弹方向。

</td></tr>
<tr><td colspan="6">

重点强调：
1. 严禁醉酒人员进入施工现场进行张拉作业。
2. 施工前必须检查钢筋，确认钢筋无锈蚀划痕现象。
3. 严禁施加预应力的机具设备、锚具、夹具、连接器和预应力钢丝、钢绞线或钢筋不匹配。
4. 严禁作业中用坚硬物件撞击已缠绕的钢筋。
5. 电气接线与拆卸必须由专业电工操作。
6. 砂轮锯料时必须做好安全防护措施。
7. 张拉作业现场必须有人值守，严禁非作业人员进入施工现象。

</td></tr>
<tr><td>审核人</td><td></td><td>交底人</td><td></td><td>接受交底
负责人</td><td></td></tr>
<tr><td colspan="6">作业班组全体签名：</td></tr>
</table>

预应力钢筋电热法张拉安全交底

编号：

施工单位	
工程名称	
分部分项工程	
工　　种	

交底内容：

一、主要危险源与危害因素

1. 施加预应力的机具设备、锚具、夹具、连接器和预应力筋不匹配。

2. 安装预应力筋时使用的钢筋接头质量不符合要求。

3. 张拉作业时，操作人员站在张拉端的正前方。

4. 非电工人员进行电气的接线与拆线。

5. 张拉过程中，系统线路或预应力筋(束)发生碰火现象时仍继续施工。

6. 张拉端头安装的夹具夹紧能力不够(易发生锚夹不牢而滑出伤人)。

二、安全注意事项

1. 张拉作业人必须经过安全教育培训，考核合格后方可进入施工现场作业。

2. 张拉作业必须在具有施工经验的技术人员主持并在作业组长统一指挥下进行。

3. 预应力筋必须按照设计规定的控制应力进行张拉，严禁超控制应力张拉。

4. 施加预应力时使用的机具设备、锚具、夹具、连接器和预应力筋应互相匹配。

5. 采用预埋金属管道作张拉孔道的结构，不得进行电热法张拉。

6. 张拉前必须按照电热张拉系统线路图安装电热设备和连接导线。

7. 安装预应力筋前应检测钢筋的每个接头，确认连接牢固，符合质量要求。

8. 张拉作业时，操作人员应站在张拉端的侧面，不得站在正前方。

9. 张拉时，作业人员必须按规定穿戴绝缘手套、绝缘鞋等劳动保护用品。

10. 预应力筋的电热张拉温度不得大于 350 ℃，重复张拉不得超过 3 次。

11. 预应力筋电热法张拉断电、锚固后，钢筋端部应按技术员要求设置防钢筋端头弹出锚固肋的锁固装置。

12. 电热张拉前，应在技术人员指导下在预应力钢筋固定肋的两侧 1.0 米处，分别设置预防钢筋弹出的防护架及其挡板。

13. 预应力筋采用砂轮锯或切断机断料，不得采用气割、电弧切割，断料时要在技术人员指导下做好安全防护，穿好工作服，戴好安全用品。

14. 张拉作业现场必须有专人值守，非作业人员严禁入内；张拉构件的两端在技术人员指导下设置防护设施及安全标志，且不得随意拆除。

15. 正式张拉前应进行试张拉，待符合施工条件后方可进行正式张拉。

16. 张拉过程中必须有专人检查和测试电热设备、一次和二次导线的电压、电流、预应力筋张拉孔道温度、通电时间等，发现不符合施工设计规定应及时处理。

续上表

<table>
<tr><td colspan="6">17. 张拉过程中,系统线路或预应力筋(束)发生碰火现象,应立即切断电源,查找分析原因,经采取措施确认正常后,方可恢复作业。
18. 施工所用电热设备应完好,二次线路导电夹具与预应力筋连接应紧密,预应力筋束绝缘处应良好;电气接线与拆线必须由电工进行。
19. 张拉时和张拉完毕后,对张拉锚两端,应妥善保护,不得压重物。严禁撞击锚具、钢束及钢筋。不得在梁端附近作业或休息。
20. 施工中浇筑混凝土时,振捣器不得撞击预应力筋。
21. 张拉端头的夹具应有足够的夹紧能力,夹具安装要牢固,防止锚夹不牢而滑出。</td></tr>
<tr><td colspan="6">重点强调:
1. 施加预应力的机具设备、锚具、夹具、连接器和预应力筋必须相匹配。
2. 安装预应力筋时必须使用质量合格的钢筋接头。
3. 严禁在张拉作业时操作人员站在张拉端的前方。
4. 预应力筋束绝缘必须良好;严禁非电工人员进行电气的接线与拆线。
5. 张拉过程中,系统线路或预应力筋(束)发生碰火现象,应立即切断电源,查找分析原因,经采取措施确认正常后,方可恢复作业。
6. 张拉端头的夹具应有足够的夹紧能力,夹具安装要牢固,防止锚夹不牢而滑出。</td></tr>
<tr><td>审核人</td><td></td><td>交底人</td><td></td><td>接受交底负责人</td><td></td></tr>
<tr><td colspan="6">作业班组全体签名:</td></tr>
</table>

预应力筋后张法张拉安全交底

编号：

施工单位	
工程名称	
分部分项工程	
工　　种	

交底内容：

一、主要危险源与危害因素

1. 醉酒人员进入施工现场进行张拉作业。

2. 砂轮锯料时未戴眼镜，钢渣乱飞乱溅。

3. 张拉作业前或张拉过程中，预应力筋的两端站人。

4. 张拉钢束完毕，人工拆卸销子时，强击销子。

5. 张拉完毕，管道尚未灌浆前，施工人员在梁端附近作业或休息。

6. 钢筋张拉时，螺丝端杆、套筒螺丝长度不够。

二、安全注意事项

1. 张拉设备操作工必须经过安全技术培训并且考核合格后才能上岗。

2. 严禁醉酒人员进入施工现场。

3. 经技术人员确定结构混凝土强度应达到设计规定后方能进行张拉作业。

4. 预应力筋必须按照设计规定的控制应力进行张拉，严禁超控制应力张拉。

5. 张拉机械应符合安全规定，施工作业过程中严禁私拉乱接电线。

6. 施加预应力的机具设备、锚具、夹具、连接器和预应力钢丝、钢绞线或钢筋应互相匹配。

7. 张拉作业时须在技术人员主持并在作业组长统一指挥下进行。

8. 穿筋使用卷扬机、穿束机械时，应安装在稳固的基座上并埋设牢固地锚；卷扬机、穿束机操作人员的作业位置应能看清拖动引线，不能直视时，应设立专门的联络手段。

9. 钢丝、钢绞线、热处理钢筋和冷拉Ⅳ级钢筋，要采用砂轮锯或切断机断料，不得采用气割、电弧切割；采用砂轮锯断料时要穿好工作服，并戴眼镜，防止钢渣落入眼睛；同时为防止钢渣飞溅伤害他人，砂轮锯料时必须采取措施防止飞溅。

10. 张拉操作中若出现异常现象（如油表振动剧烈、发生漏油、电机声音异常、发生断丝、滑丝等），应立即停机进行检查。

11. 预应力筋应符合下列要求：

(1)油泵运行中和液压系统带压状态，严禁拆卸压力表与管理系统。

(2)张拉作业过程前及张拉过程中，预应力筋的两端严禁站人；张拉作业时，作业人员应站在千斤顶的两侧，以防锚具及销子弹出伤人。

(3)张拉作业应按施工设计规定逐级、缓慢、均匀的升压加载至技术员要求的张拉吨位的压力表读数范围内。

续上表

<table>
<tr><td colspan="6">

(4)采取应力控制法张拉时,应校核预应力筋的伸长值,如实际伸长大于计算值的10%或者小于计算值的5%,应停止张拉,待查明原因后方可继续作业。

12. 张拉钢束完毕,退销时应采取安全防护措施,以防销子弹出伤人。人工拆卸销子时,不得强击。

13. 张拉时和张拉完毕后,对张拉锚两端,应妥善保护,不得压重物。张拉完毕,管道尚未灌浆前,梁端应设围护和挡板。严禁撞击锚具、钢束及钢筋。不得在梁端附近作业或休息。

14. 钢筋张拉时,螺丝端杆、套筒螺丝必须有足够的长度,夹具应有足够的夹紧能力,防止锚夹不牢而滑出。

15. 灌浆应由孔道最低处的灌浆口开始压浆,灌浆初始压力不得超过0.1兆帕;灌浆应逐级、缓慢升压并不得超过控制压力。管道压浆时,操作人员戴防护眼镜和其他防护用品。关闭阀门时,作业人员应站在侧面,以确保安全。

</td></tr>
<tr><td colspan="6">

重点强调:

1. 张拉设备操作人员必须经过安全技术培训考核合格后才能上岗作业。

2. 严禁醉酒人员进入施工现场进行张拉作业。

3. 砂轮锯断料时必须穿好工作服,并戴眼镜,防止钢渣落入眼睛;同时为防止钢渣飞溅他人,砂轮锯断料时必须在技术人员的指导下采取措施防止飞溅。

4. 严禁张拉作业过程前或张拉过程中,预应力筋的两端站人。

5. 张拉钢束完毕,退销时必须在技术人员指导下采取安全防护措施,以防销子弹出伤人。人工拆卸销子时,不得强击。

6. 在张拉完毕后,管道尚未灌浆前,严禁施工人员在梁端附近作业或休息。

7. 钢筋张拉时,螺丝端杆、套筒螺丝必须有足够的长度,夹具应有足够的夹紧能力,防止锚夹不牢而滑出。

</td></tr>
<tr><td>审核人</td><td></td><td>交底人</td><td></td><td>接受交底
负责人</td><td></td></tr>
<tr><td colspan="6">作业班组全体签名:</td></tr>
</table>

参考文献

[1] 中华人民共和国铁道部. TB 10303—2009 铁路桥涵工程施工安全技术规程[S]. 北京:中国铁道出版社,2009.

[2] 卢浩,王明洋,王德荣,等. 地铁施工期间安全风险管理探讨[A]. 中国岩石力学与工程学会工程安全与防护分会. 第2届全国工程安全与防护学术会议论文集(上册)[C]. 中国岩石力学与工程学会工程安全与防护分会,2010(5).

[3] 中华人民共和国铁道部. TB 10301—2009 铁路工程基本作业施工安全技术规程[S]. 北京:中国铁道出版社,2009.

[4] 王静. 地铁安全技术标准体系的研究[D]. 华中科技大学,2009.

[5] 黄守刚,王宁. 铁路工程施工安全精细化管理[M]. 北京:中国铁道出版社,2012.

[6] 曹振,刘庚. 强化地铁安全监理工作[J]. 中华建设,2011(04):86-87.

[7] 张秋福. 郑州地铁工程项目施工安全管理研究[D]. 南京理工大学,2011.

[8] 易花. 南昌地铁施工安全风险研究及应对措施[D]. 南昌大学,2010.

[9] 雷斌,曹振,张宁. 西安地铁安全文化体系建设研究[J]. 中国安全生产科学技术,2012(06):221-224.

[10] 杨壮志. 地铁施工安全风险管理实践[A]. 2012年中铁隧道集团低碳环保优质工程修建技术专题交流会论文集[C],2012(4).

[11] 易双双,向卫国. 地铁施工中建筑物安全是监控实践与探索[J]. 深圳土木与建筑,2013(03):57-60.